알렉산더에게 보낸
놀런 선교사의 편지
(1904-1907)

내한선교사편지번역총서 **13**

알렉산더에게 보낸
놀런 선교사의 편지
(1904-1907)

조셉 W. 놀런 지음
구지연·허경진 옮김

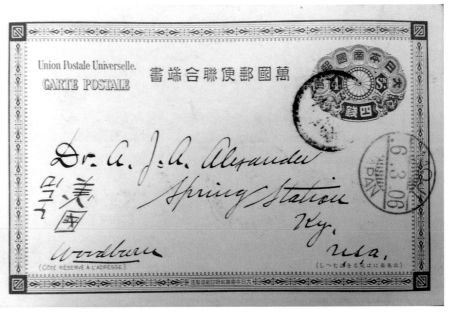

놀런이 1906년 2월 28일 알렉산더 박사에게 보낸 엽서 [켄터키역사협회 소장]

SOUTHERN PRESBYTERIAN MISSION

In Korea.

Kwang Ju July 30 1906.

Rev. A. J. A. Alexander

Dear Doctor:—

I have had two such fine experiences, I must tell you about them. A little 1 yr old girl fell into a mosquito fire 3 nights and burned all the skin off the right side. It was brought to me the following day upon the recommendation of a man in that village upon whose gall bladder I had successfully operated. Large pounds of serum hung from the side & when on the skin had been removed the serum, ashes and earth had mingled & made hard masses. I was 1½ hrs cleaning it up. Things were o.k. till the 4th day when it showed symptoms of vasomotor disturbance, respiration & heart stopped & I was speedily called. I began artificial respiration, hypo of whisky, hot water bags & flour, & sat up all night with it. It is now alright & will live. When I go to see it it turns toward me & smiles over its little chubby

놀런이 1906년 7월 30일 광주에서 알렉산더 박사에게 보낸 편지.
한국남장로교선교부 편지지에 썼다. [켄터키역사협회 소장]

역자 머리말

연세대학교 신과대학 한국기독교문화연구소의 프로젝트에 박사연구보조원으로 참여하며 놀런(Joseph Wynne Nolan) 선교사님의 편지를 직접 읽고 번역한 일은 저에게 뜻깊은 경험이었습니다. 한 학기 들었던 강의가 현장 실습으로 이어져 편지들을 번역해 보니, 선교사님의 편지에 담긴 20세기 초 조선인들은 지방 정치의 부패와 의료 인프라의 부재로 인해 고통 속에 놓여 있었습니다. 그의 편지에서 놀런 선교사님은 조선인들을 향해 긍휼한 마음을 갖는 것에서 더 나아가, 약한 자를 들어 쓰시는 하나님의 능력을 믿음과 소망으로 선포하였습니다.

의료 사역자이기 전에 한 명의 인간으로서, 빛과 어둠을 오가는 삶을 묵묵히 견뎌내는 놀런 선교사님의 소명의식은 번역자인 저에게도 큰 도전을 주었습니다. 선교사님을 물리적으로 만난 적은 없지만, 이 땅을 향한 그의 진정 어린 마음과 시선은 시공간의 격차를 뛰어넘어 편지 한 장을 통해 저에게도 전해졌습니다.

선교사 편지 DB 프로젝트를 이끌어 주신 허경진, 한미경 교수님, 늘 격려의 말씀으로 힘을 주시는 윤현숙 박사님께 이 지면을 빌어 감사의 마음을 전합니다. 놀런 선교사님의 마지막 편지로부터 100년이 넘는 시간이 흐른 지금, 가장 평범한 삶을 살아가는 한 사람의 의료 현실이 개선되었다면, 이는 놀런 선교사님과 같이 자신의 삶을 영원한 것에 투자한 이들이 있었기 때문이라고 감히 생각해 봅니다.

저의 초벌 번역을 교열하고 상세한 각주와 해제를 쓰신 공동번역자 허경진 교수님, 껄끄러운 번역문을 자연스럽게 수정해 주신 송상훈 선생님과 이혜원 박사님께 다시 한번 감사드립니다.

2023년 12월
번역자를 대표하여 구지연

차례

일러두기

1. 미국 켄터키역사학회(Kentucky Historical Society) 소장본을 저본으로 하여 번역하였다. 대부분 놀런이 알렉산더에게 보낸 편지이다.
2. 번역문, 원문, 순서로 수록하였다.
3. 원문에서 식별하기 어려운 내용은 한 단어의 경우 [illegible]로, 두 단어 이상의 경우 [illegible_단어 수]로 표기하였다. 해당하는 번역문에는 [판독 불가]로 표기하였다.
4. 원문의 단어에 철자 오류가 있는 경우 해당 단어의 오른쪽에 [sic]으로 표기하였다.
5. 한국인의 실제 이름과 영문 표기가 일치하지 않는 경우는 실제 이름으로 표기하였다.

해제

    놀런(Joseph Waynne Nolan, 1880-1954) 선교사는 한국 개신교선교사(改新敎宣敎史)에서 미지의 인물로 알려져 왔다. 의과대학을 졸업하던 24세에 남장로교 한국 선교사로 파견되어 광주진료소(현 광주기독병원) 초대 소장으로 부임했으며, 헌신적으로 봉사하다가 27세에 선교현장을 떠나 운산금광 진료소 의사로 부임하였다. 연봉이 훨씬 많은 직장이었기 때문에 돈만 밝히는 의사로 낙인 찍히기도 하였지만, 그가 금광으로 가야 했던 이유에는 아무도 관심을 가지지 않았다. 그러다 보니 74세가 되도록 장수한 편이었음에도 불구하고, 3년 동안 광주 기독병원의 기초를 닦았던 그의 이름은 한국선교사에서 잊혀졌던 것이다.

    그러나 그가 알렉산더에게 보낸 편지들을 보면 그는 한국 의료선교 현장에 안과 이비인후과 전문의가 필요하다고 인식했으며, 몇 차례 휴가와 학비를 요청했지만 끝내 답신이 없자 자신이 학비를 모으기 위해 금광으로 떠났음을 알 수 있다. 그는 학비가 웬만큼 모아지자 결국 독일과 오스트리아로 전문의 수련 유학을 떠났다.

학생 시절부터 알렉산더에게 편지를 보낸 놀런

놀런은 1880년 1월 20일 켄터키 주 해리안 카운티(Harian County)의 채드(Chadd)에서 태어났다. 1904년 7월 1일 켄터키주 센트럴대학(지금의 루이스빌 의과대학)을 졸업했으며, 같은 해 7월 17일 남장로교 한국 의료선교사로 파송되었다. 이 무렵 놀런이 알렉산더에게 보낸 편지에 의하면, 모교의 학장이 함께 일하자고 제안했지만 사양하고 선교사의 길을 택했다고 한다.

알렉산더는 1902년 11월 남장로회 의료선교사로 내한하여 군산에 부임하였으나, 도착 직후 부친이 사망하여 1903년 2월 7일 오긍선과 함께 미국으로 돌아갔다. 이후 오긍선이 캔터키 루이빌 의대를 졸업할 때까지 지원하였으며, 군산의 알락소학교, 순천의 안력산병원(알렉산더 기념병원)을 후원하였다.[1]

놀런은 대학 병원에서 알렉산더의 강연을 듣고 한국 의료선교에 관심을 가지던 때부터 그에게 편지를 보내어 자문을 구했으며, 7월 1일 졸업할 때까지 6통의 편지를 보내어 한국 파견 절차를 밟고 구체적인 준비를 하였다. 놀런은 이때부터 광주 진료소를 떠날 때까지 29통의 편지를 알렉산더에게 보냈고, 이 편지들은 모두 미국 켄터키주의 주도(州都)인 프랭크포트(Frankfort)에 위치한 켄터키역사협회(Kentucky Historical Society)에 보존되어 있다.

이 기관에는 A. J. A. 알렉산더 가문의 문서(Alexander Family Papers)

---

1 내한선교사사전 편찬위원회, 『내한선교사사전』, 한국기독교역사연구소, 2022, 758쪽 참조.

가 모두 5개의 시리즈로 구성되어 있는데 이 중 네 번째 시리즈는 우리나라에서 잠시 의료 선교사로 활동했던 A. J. A. 알렉산더 (Alexander John Aitcheson Alexander, 晏力山, 1875-1929)와 관련된 자료이다. 이 시리즈에는 짧은 기간이었지만 A. J. A. 알렉산더가 당시 우리나라에서 활동할 때 함께 했던 동료 선교사들로부터 받은 편지가 포함되어 있다.[2]

　놀런이 편지를 쓴 곳은 의과대학이 있던 루이스빌에서 시작해 서울, 목포, 광주로 바뀌지만, 알렉산더가 받은 주소는 모두 그의 집이 있던 켄터키주 스프링 스테이션이다. 놀런이 편지를 쓴 곳과 쓴 날짜, 간단한 내용을 정리하면 다음과 같다. 7번은 Dear Brother, 즉 알렉산더를 포함한 후원자 전체에게 보낸 편지인데, 알렉산더가 받았으므로 함께 소장되어 있다.

29통 편지의 개요

1) 루이스빌에서 쓴 편지

[1] 켄터키 루이스빌 제퍼슨 테라스 6번지, 1904년 4월 1일

대학 병원에서 알렉산더의 강연을 듣고 한국 의료선교에 관심을 가지게 되었으며, 의학과 수술에 대한 실질적인 지식 외에 더 충족

---

2 한미경·이혜은, "My Dear Dr. Alexander": 편지를 통해 본 오긍선의 미국 유학 시절, 『신학논단』 제97집, 2019, 252-253쪽.
　이 논문의 각주 5번에서 "호남 지역에서 활동하던 미국 남장로교 선교사 Bell, Bull, Coit, Daniel, Forsythe, Harrison, Junkin, McCutchen, Nolan, Owen, Pratt, Preston, Reynolds, Timmons 등과 서울 YMCA 선교사 Brockman과 Gillett이 보낸 편지가 같이 보존되어 있다."고 밝혔다.

되어야 할 요건들에 대해 자문을 구함.

[2] 켄터키 루이스빌 제퍼슨 테라스 6번지, 1904년 4월 21일
대학병원을 방문한 알렉산더를 만나지 못한 것을 아쉬워하며,
한국 선교에 참여해 달라는 오긍선의 요청을 감명깊게 듣고 이를
언급함. 체스터 총무에게 한국 의료선교 자원 결심을 알리고, 신
청서와 규정을 전달받았음.

[3] 켄터키, 루이스빌, 1904년 6월 1일
체스터에게 의료선교 지원서와 진단서를 제출했음.

[4] 켄터키 루이스빌 제퍼슨 테라스, 1904년 6월 8일
내쉬빌에 가서 선교부 이사회에 참석하여 면담하고, 벨을 만나
한국 선교에 관해 정보를 얻었음.

[5] 켄터키 루이스빌 제퍼슨 테라스 6번지, 1904년 6월 16일
벨과 함께 출국하고 싶은 결심이 확고함을 알리고, 졸업시험 때
문에 7월 1일 알렉산더의 초대에 참석치 못함을 아쉬워 함.

[6] 켄터키 루이스빌 제퍼슨 테라스 6번지, 1904년 7월 4일
의학사 학위증을 받고 휴식을 취하면서, 벨과 내일 만나 세부사
항에 대해 협의하기로 함. 이사회 결정을 빨리 전달받기를 희망
함. 목포에 가려면 수술기구를 사야 하는지, 군산에서 전달받는지

물어봄.

2) 서울에서 쓴 편지

[7] 서울, 한국, 1904년 9월 21일

9월 16일 제물포에 도착하고, 서울역에서 남장로교 선교사들의 환영을 받음. 선교위원회에서 게일의 소설 『선구자 The Vanguard』에 "윌리스"라는 인물로 등장한 모펫 목사를 만남. 일요일에 한국인 예배에 참석함. 부탁받은 책들을 선교사들에게 전달하고, 그들의 감사인사를 알렉산더에게 전달함. 지저분한 서울의 위생상태와 군산의 알렉산더 풍차 소식을 전함. 목포에 잠시 머물다가 광주로 가게 될 예정임을 밝힘. 군산에 두고 간 알렉산더의 총을 사용할 수 있는지 물어봄.

3) 목포에서 쓴 편지

[8] 목포, 1904년 11월 30일

하루 4시간 한국어 공부. 전킨과 대니얼 부부는 전주로, 해리슨과 포사이드는 군산에 머물게 됨. 시끄러운 주막에 숙박한 체험. 약과 기구를 나누어 갖춤.

[9] 목포, 1905년 1월 3일

러시아 해군기지 여순(旅順) 항이 함락되고 일본인들 자축함. 스트래퍼 양이 술 취한 일본 해군에게 희롱당함. 오웬 가족이 떠난 뒤에 스트래퍼 양은 오웬 집으로, 본인은 스트래퍼 양의 집으로 이사함. 치료받은 환자들이 신앙을 가질 생각이 있음. 최근 찍은 사진을 전함.

[10] 목포, 1905년 1월 26일
우울감에 시달리며 편지가 한 주일 늦어짐. 한국인들의 상황에 좌절했다가, 기도를 통해 우울증에서 벗어남. 스트래퍼 양을 신뢰하고, 위로 받음. 맥커첸이 감리교 하운셀과 친해져 결혼하게 되기를 바람. 포사이드의 한국어와 사역에 대한 기도 부탁.

[11] 목포, 1905년 3월 4일
알렉산더의 결혼 소식을 축하함. 건강을 위해 사냥. 한국어 공부에 빠진 얼이 군산 소속이라 아쉬움.

[12] 목포, 1905년 3월 16일
양반 환자를 치료하고 전주로 돌아가던 포사이드가 주막에서 한국인의 칼에 찔려 심각한 부상을 당함. 대니얼스가 치료한 뒤에 의식을 찾아 군산으로 옮김. 전주 군인과 일본 경찰이 현상금 100엔을 걸고 범인을 찾고 있음. 지난번에 보낸 사진은 알렉산더가 준 사진기로 찍었음. 오웬이 확보한 600불로 빨리 병원 짓기를 열망함. 목포와 광주 선교지부에 미혼 여성 사역자가 필요함.

[13] 목포, 1905년 5월 1일
알렉산더의 결혼식에 참석하지 못하는 아쉬움. 귀 습진 환자를

치료해 목포 교회의 가장 독실한 회심자가 되었음. 회개 운동이 일어나고, 교회가 좁아서 교인들을 수용하지 못함. 진료소 예약이 꽉 차고, 치료를 통해 교인이 늘어남. 포사이드의 상처가 곪아서 수술할 수 없다고 대니얼스에게 조언함. 조수를 훈련시켜 고름과 상처 소독을 맡겼고, 진료소에서 붕대 처치를 함. 결혼 선물로 사쓰마 양식의 일본 꽃병을 보냈음

[14] 목포, 1905년 9월 3일
하루 종일 태풍에 피해 입음. 벨 부부가 연례회의에 가는 길에 목포에 들르고 교회에서 설교함. 교회가 환자들로 채워짐.

[15] 목포, 1905년 10월 28일
광주로 떠나게 되자 목포 교인들이 섭섭해 함. 한국인에 대한 사랑으로 기쁨. 창자 꼬인 환자를 치료해, 한 가족이 교회에 들어왔음. 서울에서부터 자전거를 타고 원산에 다녀옴.

4) 광주에서 쓴 편지
[16] 광주, 1905년 12월 26일
진료소에서 오전 10시부터 일몰까지 치료함. 아래 턱에 문제가 있는 환자를 성공적으로 재수술함. 내일은 후방 검구유착 수술을 집도함. 눈과 귀를 치료할 환자가 많기에 베를린에 가서 전문의 과정을 공부하고 싶음. 에비슨 박사도 누군가가 귀와 눈을 전문적으로 다뤄야 한다고 생각함. 오웬 부인의 분만 수술.

[17] 광주, 1906년 2월 28일

2월에 진료소에서 600명이 넘는 환자를 치료하고, 12건의 주요 수술을 마무리함. 『미셔너리』지 4월호에 게재할 글을 씀. 귀국하는 스트래퍼 양 후임으로 랭킨 양 추천을 부탁.

[18] 광주, 1906년 3월 11일

여성들에게 위생과 노래를 가르침. 본국 교회에 한국 실정을 알리고 의료진을 청하기 위해 글을 씀. 3개월 훈련한 조수가 누공(瘻孔) 수술. 현지인 의사가 상처를 악화시킨 환자들을 치료함. 벨 부인의 아들을 출산. 몇 가지 수술 도구를 만들어 냄. 6-7월경에 적은 비용으로 베를린에 갈 계획.

[19] 광주, 1906년 3월 28일

14세 소녀를 34세 남자에게 팔아넘긴 할머니, 의처증으로 아내의 코끝을 물어 뜯은 남편에게 분노함. 땅문서를 빌려주었다가 땅을 빼앗긴 사람을 위해 군수에게 부탁해 문서를 돌려줌.

[20] 광주, 1906년 4월 15일

34세의 남자와 결혼하도록 강요당했던 14세 소녀가 기독교인이 되었음.

[21] 광주, 1906년 4월 18일

빨간색 벨트, 1달러 50센트짜리 셔츠 한두 벌, 분홍빛 줄무늬 셔츠, 호스 지지대 한 쌍 구입을 부탁. 많은 환자들이 성경과 찬송가를 구입함.

[22] 광주, 1906년 6월 28일
독일 보험은행의 계좌가 초과 인출된 것을 모르고 주문한 셔츠 값을 수표로 보내겠음. 외국인 의사에 대한 오해를 불식시키겠음.

[23] 광주, 1906년 6월 30일
스트래퍼 양이 루이빌에 있는 아버지 지오 씨의 집에 있음. 사역 정보를 얻을 수 있음.

[24] 광주, 1906년 7월 7일
언청이를 여러 명 수술했지만, 의료비가 비싸다고 비난이 돌고 있음. 18시간 동안 일하느라고 한국어 공부할 시간이 없었음. 알렉산더 어머니의 편지를 받고 기뻤음. 한센인을 잘 다룸.

[25] 광주, 1906년 7월 17일
독극물 같은 소문들이 약화됨. 관리 2명과 부자를 치료. 누공(瘻孔) 수술. 총상(銃傷)을 치료받은 환자가 교회에 정기적으로 출석함. 베를린이나 런던의 대학원에 유학하고 싶음. 조제실(調劑室)을 짓고 있음.

[26] 광주, 1906년 7월 30일

모기불에 넘어져 화상 입은 소녀를 밤새 고쳤음. 복부에 화상 입고 죽은 듯한 소년도 주의 은혜로 고쳤음. 시트가 아직 오지 않았음.

[27] 광주, 1906년 10월 10일

서울에서 1주간 협의회를 마치고 돌아와 4개의 큰 수술과 몇 개의 작은 수술, 평균 45건 진료. 하루도 쉬지 못해 한 달간 우울하다가, 한국인에 대한 사랑을 확인하고 되살아남. 한국 사역의 성장을 표로 작성하여 『옵저버』지에 보냄. 윤치호는 송도에서 학교 사역. 한센인을 치료하여 환자들이 모여듦.

[28] 광주, 1906년 11월 23일

3일간 사냥하고, 장끼 한 마리를 알렉산더 부인에게 보냄. 한국어 설교를 잘함. 군산 교회와 병원 방문. 1년간 진료소 내에서 7500건, 밖에서 500건 치료. 한 남자의 귀에서 엄청난 양의 묵은 귀지를 파냄. 한 아이의 눈에 1주일 붙어있던 파리 제거.

[29] 광주, 1907년 1월 12일

한센인 시설에 대한 의논. "무디 바이블 인스티튜트"에 있는 누이가 한국에 오기로 함. 4월부터 시작되는 1년 휴가를 내슈빌 위원회에 신청했고, 알렉산더의 동의를 요청함. 자신에게 매우 중요한 일임을 강조.

이 편지들은 의료선교사 놀런이 한국에 파견되기 전 학생 시절에 선교사로 자원하는 과정부터 보여준다는 점에서 상당히 흥미롭다. 그러나 그가 광주 제중원 초대 원장으로 취임하여 활발히 치료하고 선교하며 병원과 양림교회의 터를 든든하게 닦던 어느 날 갑자기 직업을 바꾸는 과정에 대해서는 확실한 단서를 남기지 않아, 마지막 편지는 아쉽게 끝이 난다.

이 편지들을 발신지 별로 나누어 보면 루이스빌 6건, 서울 1건, 목포 8건, 광주 14건이다. 이 가운데 1905년에 쓴 16번 편지에 벌써 눈과 귀를 전공하기 위해 베를린으로 유학가고 싶다는 뜻을 밝힌 뒤, 1906년에 쓴 18번, 25번 편지에서도 베를린에 유학하고 싶다는 뜻을 밝혔다. 마지막으로 보낸 29번 편지에 "4월부터 시작되는 휴가 신청을 동의해 달라"는 부탁을 하고는, 편지 왕래가 끊어졌다. 휴가를 받지 못한 놀런이 광주를 떠나면서 알렉산더에게 고별 인사라도 했는지, 불만에 차서 말없이 떠났는지는 알 수 없다.

목포 의료 선교

목포에 도착하여 그가 가장 애쓴 분야는 선교사의 필수조건인 한국어 공부이다. 1904년 11월 30일에 보낸 첫 편지에서 "언어라고 불리기에는 부적절한 것과 네 시간을 힘들게 싸운 후, 식사와 필수적인 운동을 하고, 응급 진료 등을 하고 나면 여가의 시간은 전혀 없는 것은 아니지만 아주 적습니다."라고 하였으니, 서양 언어체계와 다른 한국어를 배우는 것이 익숙치 않았음을 알 수 있다. 그러나 그는 한국어에 곧 익숙해져서 진료에 불편을 느끼지 않았으며, 한국어 설교도 가능하게 되었다.

한국인 치료와 별개로, 전주에서 60리 떨어진 곳까지 양반을 치료하러 갔던 포사이드 선교사가 복면한 괴한들의 칼에 찔려 중상을 입자 대니얼스 선교사가 찾아가서 치료한 이야기는 목포 의료 선교와 별개의 보고사항이다.

그는 의료선교사들의 사역을 "의사들이 산을 폭파하고 나면 목사님들이 와서 길을 만든다."고 설명하며, 의료선교사가 더 많이 파견되어야 할 필요성을 주장하였다. 목포 진료소를 설립한 오웬 선교사가 병원 설립비로 600달러를 가지고 있다고 보고하기도 했는데, 그는 결국 목포에 병원 설립하는 것을 보지 못하고 선교부 결정에 따라서 광주로 전출되었다. "불쌍한 자들이 제게 와서는 '의사 선생님이 없으면 우리는 무엇을 하지요'라고 묻습니다. 그들을 두고 떠날 생각을 하니 제 마음이 무너집니다."라는 편지를 통해 불편한 마음을 내비쳤지만, 선교부 결정에 순응한 것이다.

광주 제중원에서의 의료 사역

유진 벨은 처음에 목포에 선교부를 세우려고 했지만, 제한사항이 많았다. 개항지(開港地)여서 외국인이 거주하기에 편하긴 했지만, 개항지 밖에서는 거주가 허락되지 않았다. 식수난도 심했고, 인구가 적어 선교 효과를 볼 수 없었다. 그래서 주민이 많은 내륙으로 들어가, 전라남도 감영이 있는 광주를 찾아갔다. 유진 벨은 이날 한국에 온 이래 처음으로 훌륭한 대접을 받았다.

한국의 관청은 입구마다 문이 세 개씩 있어서, 어떤 문으로 들어가느냐에 따라서 환대를 받기도 하고 푸대접을 받기도 한다. 언더우드가 이 사실을 가르쳐 주었으나 주의를 기울이지 않았다가 퇴짜를 당한 적이 있었다. 이번에는 선배들이 가르쳐 준대로 중앙의 큰 문을 열라고 버티었다. … 그러자 하인이 사라졌다가 곧바로 나와서 중앙의 큰 대문을 열었으며, 나는 지금까지 한국에서 받아보지 못했던 훌륭한 대접을 받았다. (유진 벨, 1900년 2월 18일 누이에게 보낸 편지)

유진 벨이 전라남도 관찰사에게 환영을 받은 까닭은 중앙의 대문으로 들어갔기 때문이 아니라, 미국 에모리대학 출신으로 남장로교 선교사들과 친분이 있는 윤치호의 아버지 윤웅렬이 관찰사였기 때문이다. 광주는 목포보다 늦게 선교를 시작하였지만, 몇 년 만에 예배처소가 10개로 늘어나고 예배출석 교인도 몇 배로 늘어났다.

놀런은 1904년 11월 5일 유진 벨, 오웬과 함께 목포를 떠나 광주로 이사했다. 광주의 선교도 다른 지방과 마찬가지로 학교, 병원, 교회로 나뉘어졌다. 광주에 유진 벨의 영구 사택이 1905년 11월 15일에 마련되자, 지금까지 거주하던 임시사택 한옥을 진료소로 사용하였다. 주일날은 이곳을 초기 양림교회의 예배처소로도 사용하였다.

이 첫날의 의료 기록은 편지에 보이지 않고, 놀런이 1906년 6월호 *The Korea Mission Field*에 게재한 보고서 「의사는 어떻게 자신의 몫을 감당하는가?(How a Doctor won his Way)」에 실려 있다.

　　광주에서 진료실이 문을 여는 첫날(1905년 11월 20일) 9명의 환자가 나를 맞았다. 지난 6개월 동안 2,416건의 환자를 오후 진료시간에 치료했으며, 26건의 대수술과 수많은 소규모 수술을 시행하였다. 한국인 왕진이 152건, 일본인 왕진이 25건 있었다. 이밖에도 나의 조수가 여기에 기록되지 않은 수많은 치료를 베풀었다.
　　진료실에서 최초로 진료하였던 그 환자는 성경을 샀으며, 겨울 사경회에 참석하였다. 이것은 병원이 복음화에 있어서 커다란 중요성을 가지고 있음을 증명한다.

　　놀런은 병원 업무를 시작하기 전에 예배와 기도를 드렸으며, 환자들은 아침 일찍부터 모였다. 놀런의 치료가 뛰어나자 밀려드는 환자가 너무 많아져, 가벼운 병은 조사들이 치료하였다. 병원 치료를 통해서 신앙을 받아들인 주민들이 늘어나게 되자, 유진 벨이 순회구역에서 1905년 11월 70명에게 세례를 베풀게 되었다.
　　그가 광주에서 첫 번째로 보낸 편지는 목포를 거쳐 알렉산더에게 전달되었는데, 의료선교 사역을 너무 행복하게 여겼다.

　　저는 한국에서 가장 행복한 사람입니다. 그런데 이 모든 것들은 주님이 하신 것입니다. 주님께서는 저의 기도에 응답해 주셨습니다. 그래서 현재 저의 진료소에서 저는 오전 10시부터 해질 때까지 또는 [ ] 시간까지 일합니다. 저의 치료가 좋은 결과를 내고 있는데 그 결과는 저의 기술 때문이 아니라 기도에 대한 응답 덕분입니다.

그는 편지를 통해 알렉산더에게 다양한 환자들을 수술하거나 시술한 내용들을 보고하였다. 선교사 자녀의 출산을 맡기도 하고 (1906. 3. 11), 논밭에서 하루 종일 고된 일을 하고 돌아와서 음식을 준비하는 동안 의처증을 지닌 남편에게 코끝을 물어뜯긴 여인을 치료하기도 하였으며(1906. 3. 28), 밤에 모깃불 속으로 떨어져서 오른 쪽의 피부가 전부 타버린 한 살 짜리 어린 소녀를 치료하기도 하였다.(1906. 7. 30) 한센병 환자에 대한 치료도 언급하였으며, 진료 외에 여성 사경회에서 위생과 노래를 가르치고 있다는 보고까지 하였다.(1906. 3. 11)

1906년 3월 11일 편지에서는 "저에게 훈련 중인 두 명의 남자들이 있고 그 중 한 명은 저와 함께 3개월을 보낸 후에 누관 수술을 집도하였습니다."라고 써서 조수를 훈련시킨다고 밝혔으며, 같은 날 편지에서 의료기구가 모자라기에 도구를 만들어가며 치료한다고도 밝혔다. "저는 일꾼이 연장을 트집잡는 것은 나쁘다는 결론에 도달했습니다. 저는 일을 잘 해내기 위해 분노에 힘입어 몇 가지 수술 도구와 물건들을 만들어 냈습니다." 의학의 불모지임을 불평한 것이 아니라 신앙과 사명감으로 극복해나간 것이다.

전문의 공부가 필요하다고 느끼다

그러나 빈약한 진료시설로 다양한 환자들을 치료하다보니, 그는 1905년 12월 26일에 보낸 첫 번째 편지에서 이미 자신이 더 공부해야 할 필요성을 느꼈다고 밝혔다.

저의 장비는 형편없고, 박사님께서는 주님을 위해 제가 펼쳐 놓은 것들을 보고 웃으실 테지만 저는 실수가 두렵지 않습니다. 내일 저는 후방 검구유착 수술을 집도할 예정입니다. 이곳에는 눈과 귀의 문제가 많기에 저는 이 분야에서 특별한 일을 하기를 소망해 왔습니다. 제게 돈이 있었다면 저는 베를린에 가서 귀와 눈에 관한 공부를 했을 것입니다. 저는 3등 운임으로 가는 것을 생각했고 선교사이니 적은 돈으로 공부할 수 있을 것입니다. 이곳에는 귀와 눈의 문제가 너무 많아서 저는 이 공부를 꼭 해야 하고 특별한 연구와 수술 도구가 필요하다고 느낍니다. 박사님께서 조언해주시지 않겠습니까? 제게 자금이 있다면 사역이 한가한 초여름에 갈 텐데 말입니다. 에비슨 박사님은 누군가가 귀와 눈을 전문적으로 다뤄야 한다고 생각합니다.

1906년 3월 11일 편지에도 "얼마나 비용이 들지 저는 알 수가 없지만 그렇게 많이 들지는 않을 거라고 봅니다. 저는 이곳의 일이 한가한 6월이나 7월에 가기를 소망합니다."라고 구체적으로 방안을 제시하였다.

놀런이 광주 진료소장을 사직하고 운산금광 부속병원 의사로 간 이유를 정확히 알 수는 없다. 그는 1905년 12월 26일 알렉산더에게 보낸 편지부터 마지막 편지까지 꾸준히 베를린에 가서 눈과 귀에 대해 더 공부하고 싶다는 포부를 밝혔다. 한국 사회에서 귀와 눈을 전공하는 의사가 필요하고, 에비슨도 그렇게 권고했다고 하였다. 값싼 배를 타고 다녀오겠다는 이야기를 1년 넘게 계속 한 것을 보면 독일 유학에 관해 비용을 구체적으로 알아본 듯하며, 차선책으로 런던을 알아보기도 했다. 그러나 알렉산더가 놀런에게 보낸 편지를 현재 확인할 수가 없어서, 놀런의 계획 내지 요청에 대한 알렉산더의 반응은 알 수가 없다. 놀런은 결국 선교부와 의논 없이 광주 제중원을 떠나 유학 비용을 마련하기 위해 운산광산으로 갔다.

놀런의 이직을 바로보는 선교부의 다른 관점

놀런의 마지막 편지 이후에, 선교부에서 알렉산더에게 '놀런 박사의 근황을 물어 이를 전하고자 하지만 현재로서는 그에 대한 충분한 정보가 없다'는 점을 전하는 편지가 남아 있다.

1907년 9월 4일
미장로교 본부 해외선교위원회

친애하는 박사님께:

동봉해 주신 401달러 67센트 수표를 어제 받았으며 이에 대한 저희의 감사의 마음을 전합니다. 8월과 9월에는 돈이 느리게 오기에 이러한 종류의 모든 송금액이 가장 반갑습니다. 놀런 박사님에 대하여 만족할 만한 정보가 전혀 없어 죄송합니다.

해리슨 박사님으로부터 어제 받은 편지 안에는 놀런 박사님의 우편엽서가 동봉 되어 있었는데 '비록 현재 하고 있는 일을 1년 동안 지속하기를 기대하지만, 여전히 선교 사역과의 끈은 유지하고 싶다'고 적혀 있었습니다. 그 일이 무엇인지 저는 모르겠습니다. 한국 선교회는 어제 모임을 가졌습니다. 제 생각에는 선교회가 이 문제를 긴급하지 않은 사안으로 놓아 둘 듯 하며, 놀런 박사님이 정확히 무슨 일을 하고 계신지 그들이 알려주면 저희는 그에 대해 알게 될 것입니다. 놀런 박사님은 이후 계획에 대한 어떤 설명도 저에게 하지 않으셨습니다. (후략)

진심과 형제애를 담아

놀런의 편지가 아니어서 전제 문장을 확인할 수는 없지만, 놀런이 선교부에 정확한 계획을 알리지 않고 근무지를 이탈한 뒤에 '1년 동안 선교부와 관계를 유지하면서 다른 일을 하고 싶다'는 정도의 정보만 전달받았다는 뜻이다. 1년 뒤에도 후속 연락이 없었으므로, 선교부에서 '놀런이 선교부를 떠났다'고 판단한 것은 당연하다.

운산금광에서 의사로 활동하다

운산광산이 선교사들에게 낯선 곳은 아니다. 의료 선교사로 조선에 들어온 알렌도 고종의 신임을 얻게 되자, 평안도, 함경도 일대의 광산을 담보로 미국에서 200만 달러 차관을 얻어 재정난을 타개할 것을 고종에게 제안했다. 하지만 1887년에 알렌이 미국 주재 조선 공사관 서기관에 임명된 후 미국의 정재계 인사들을 상대로 차관 도입과 광산 개발 문제를 논의했지만, 조선에 대한 미국인의 무관심으로 실패했다.

청일전쟁이 끝난 뒤에 청나라가 조선 내정에 대해 간섭할 힘을 잃자 알렌은 다시 광산 채굴권을 얻기 위한 교섭에 나섰으며, 1895년 7월, 운산 일대 금광을 개발하기 위해 고종과 미국인 모스 사이에 자본금 10만 달러를 들여 '조선개광회사'를 설립하는 계약이 체결되었다. 조선개광회사는 25년간 운산군 광구에 대한 독점적 채굴권을 부여받았고, 일체의 세금을 면제받았으며, 그 대가로 고종은 회사 지분의 25%를 넘겨받았다.

좋은 조건에 운산금광의 채굴권을 차지했지만 10만 달러의 자본금은 너무 부족해, 알렌은 시애틀의 사업가 헌트를 끌어들였다. 모스는 단돈 3만 달러에 운산금광에 관련된 권리 일체를 양도했다. 1897년, 헌트가 자본금 500만 달러를 들여 '동양합동광업주식회사'를 설립하고 첨단 장비를 투입해 운산금광은 첫해부터 엄청난 양의 금을 채굴했다.

놀런에 관한 기존의 소개문을 보면 대개는 선교사보다 높은 연봉을 받고 운산 금광으로 갔다거나 함경도 광산으로 갔다는 소문식으로 그의 마지막 모습을 소개했는데, 그가 운산금광 병원에 시무하던 시기의 평판을 보면 그는 여전히 한국인을 위해 노력하는 의사였다.

이 시기에 그가 쓴 편지는 없으므로, 신문기자가 쓴 기사를 읽어보자.

醫術頗良 『대한매일신보』 1909.08.19.
平北 雲山郡 美人 金礦會社에셔 病院을 設立혼지 于今 數年에 壹般礦夫를 無料施治하야 快效를 累奏ᄒ얏고, 平壤郡 居 金炳俊氏ᄂ

私忿을 因ᄒ야 腹部를 自刺ᄒ야 腸部가 洋尺三寸이나 瀉出ᄒ얏ᄂᆞᆫ되 히 의院에셔 合縫施治ᄒ야 貳十五日만에 完人이 成ᄒ얏다더라

美醫高術 『대한매일신보』 1910.07.05.

雲山金鑛 醫師 美國人 魯蘭氏ᄂᆞᆫ 該 鑛所病院에 視務ᄒ지 四年인 되 對징投劑에 病人을 待遇治療ᄒ기에 盡心竭力ᄒ더니, 昨年에도 利刀刺腹ᄒᆫ 人을 일箇月 內에 蘇完歸家케ᄒᆫ 故로 該氏의 醫學高明 을 人皆歡賞ᄒ다더라

美醫特襃 『한성신문』 1910.09.11.

醫特襃 雲山郡 金鑛病院의 醫師 美國人 魯蘭氏ᄂᆞᆫ 年來도 一般病 者를 無料로 治療ᄒ야 功勞가 不少ᄒᆞ다ᄂᆞᆫ되, 內部 衛生局에셔 該郡 守의 傳報를 依ᄒ야 特別襃揚ᄒ기로 協議ᄒ다더라

이 기사들을 읽어보면 놀런은 1907년 가을에 운산금광 부속병원 의사로 이직하여 1910년까지 4년째 근무하고 있었으며, 광산 소속 의 광부들 뿐만 아니라 일반 환자들도 무료로 치료하였다. 물론 놀런이 자비 부담으로 치료한 것이 아니라 병원의 제도에 따라 치료했겠지만, 사회적으로 평판이 좋았던 것만은 분명하다. 첫 번 째 기사에서는 광부들에게 무료로 치료한다는 소식과 함께 지살을 시도한 평양 주민을 25일 만에 완쾌시켰다는 소식이 실려 있는데, 두 번째 기사에서 그 의사가 4년째 근무하는 놀런[魯蘭]이었음이 밝혀진다. "待遇治療", "盡心竭力", "醫學高明" 등의 칭찬이 이어지 더니, 『황성신문』에서는 일반병자의 무료치료 주체가 놀런으로 밝 혀지고 운산군수가 포상을 추천하여 內部 衛生局에서 포상하리라

는 소식이 소개된다. 7월 5일의 기사는 대한제국 시기였지만, 같은 해 9월 11일의 포상 주체는 조선총독부로 달라졌다.

유럽 유학 이후의 놀런

놀런의 고향 루이스빌에서 발간되는 *The Courier-Journal* 1954년 6월 17일자 신문에 「할란에서 여러 해 동안 일했던 의사가 테네시 병원에서 죽다[Harlan Doctor for Many Years Dies In Tennessee Hospital]」라는 부고 기사가 실렸다. 이 기사에 의하면 할란 카운티의 채드[3]에서 태어난 놀런은 센트럴대학(이 당시의 루이스대학교 의과대학)을 졸업하고 뒤에 베를린대학과 비엔나대학에서 공부했다고 한다.

1904년 6월에 한국으로 떠나 진료소를 세우고, 1915년에 할란으로 돌아와 몇 년 전 은퇴할 때까지 개업하였으며, 안과와 이비인후과 전공이었다고 밝혔다.

> 할란 출신의 조셉 웨인 놀런 박사가 오랫 동안 지병 끝에 어제 오후 (테네시) 재향군인병원에서 74세의 나이로 세상을 떠났다. 그는 할란 카운티의 채드에서 태어났으며, 센트럴 대학, 지금의 루이스빌 대학교 의과대학을 졸업하였다. 그뒤에 베를린대학과 비엔나대학교에서 공부하였다. 놀런 박사는 1904년 6월에 한국에 가서 진료소를

---

3 놀런이 1910년 서울에 있는 미국 영사관에서 발급받은 여권에 의하면 켄터키에 있는 크리치(Creech)에서 태어났다고 스스로 기록하였다. 그의 출생신고서에는 할란이 기록되어 있다.

설립하였다. 그는 1915년 할란으로 돌아온 후에도 몇 년 전 건강 악화로 은퇴할 때까지 줄곧 임상 진료를 하였다. 그의 전공 진료 과목은 안과와 이비인후과이다. 유족으로는 두 아들 로버트 놀런 박사와 에드윈 놀런 박사가 있으며 모두 루이스빌에 살고 있다. 장례식은 내일 오전 10시 30분 할란침례교회에서 열릴 예정이다.

이 기사를 통해서 놀런의 행적을 정리해보면, 1904년 목포에 와서 진료소 선교를 시작한 뒤에 1915년 고향 할란으로 돌아와 개업할 때까지 목포와 광주 진료소, 운산금광 병원, 베를린과 비엔나에서의 유학 등 세 시기가 이어졌음을 알 수 있다.

그가 광주진료소를 떠난 시기는 1907년 7월 17일 이후 어느 시점이며, 운산금광 병원에서 1910년 9월까지는 근무하였다. 그는 1910년 3월에 서울에 있는 미국 영사관에 여권 재발급을 신청하였는데, 이때 그가 기록한 주소는 Pukchin, Unsan, 즉 운산금광 부속병원이 있는 평안북도 운산군 북진면이다. 그는 8월에 여권을 재발급받았는데 고향 신문의 부고기사에 그가 1915년 고향으로 돌아왔다고 했으니, 아마도 여권을 재발급받은 뒤 어느 시점엔가 베를린과 비엔나로 유학갔을 거라고 추측된다.

그렇다면 그가 광주 진료소를 떠난 이유를 이렇게 추측해볼 수 있다. 1년 넘게 목포와 광주 환자들을 치료했던 그는 1905년 12월 26일 알렉산더에게 보낸 편지부터 꾸준히 베를린에 가서 눈과 귀에 대해 전문적으로 공부하고 싶다는 희망을 밝히고 도움을 요청했지만, 구체적인 해결책이 보이지 않았다. 1907년 1월 12일 알렉산더에게 보낸 편지에서 4월부터 시작되는 1년 휴가를 떠날 수 있게 도와달라고 요청했지만 응답이 없자 광주를 떠났다.

그가 운산금광 부속병원으로 떠난 이유를 분명히 밝히지 않았지만, 한국인들에게 봉사하면서 유학 비용을 저축할 수 있는 직장을 찾은 게 아닐까? 선교사보다 많은 의사 봉급을 받으면서 3년쯤 운산병원에 근무하던 놀런은 1910년 8월에 새로운 여권을 발급받고, 1911년 3월 스크랜턴을 후임으로 추천한 뒤에 한국을 떠나 베를린과 비엔나로 가서 4년간 이비인후과와 안과 전문교육을 받았다. 1915년에 제1차 세계대전에 참전하였던 그가 얼마 뒤에 전역하고 고향으로 돌아가 개업했으니, 그가 한국으로 돌아오지 않은 것이 아쉽다. 선교부의 허락을 받지 못하고 광주를 떠났기에, 선교부에서 자신을 받아주지 않을 거라고 생각했을 것이다.

경우는 다르지만, 감리교 의료 선교사였던 스크랜턴(William Benton Scranton, 1856-1922)도 친일파 해리스 감독과 충돌하여 선교사직과 상동교회 목사직을 사퇴하고 성공회 평신도로 이적한 뒤에, 놀런이 유학을 떠나면서 운산금광 부속병원 후임 의사로 추천하자 1년간 운산금광 부속병원 의사로 봉사하였다. 어떤 결정에는 다들 그럴만한 이유가 있었던 것이다.

그러나 마지막 시기의 기록들을 확인하지 못한 상황에서 더 이상의 추측은 무의미하다. 20대 청년 시절 의과대학을 졸업하면서 학장의 제안을 사양하고 한국에 와서 열악한 상황에서 진료와 설교에 헌신적이었던 3년 4개월 동안의 선교활동만으로도 놀런은 우리가 충분히 고마워해야 할 선교사이다.

번역문

1904년

1904년 4월 1일
켄터키 루이스빌 제퍼슨 테라스 6번지

알렉산더 박사님, 켄터키 스프링 스테이션[1]

친애하는 박사님께,

최근 하스피털 칼리지[2]에서 박사님께서 강연하셨을 때 제가 한 국의 의료 선교에 관심이 있다고 박사님께 말씀드린 것을 기억하실 겁니다. 심사숙고 해 본 결과, 제가 그 자리에서 섬기기로 확고히 결정하였습니다. 이에 지원절차에 대해 조언을 구하고 싶습니다. 저는 장로교 선교부 이사회에 공식적으로 지원하는 것이 당연히 필요하다고 봅니다. 내과와 외과에 대한 풍부한 지식을 제외하고라도, 더 충족해야 할 요건들은 무엇인지요? 저는 7월 1일에 학

---

1 켄터키주 우드포드 카운티의 커뮤니티이다. 19세기 초에 정착된 타운으로, 1833년에 렉싱턴과 오하이오 철도의 역이 되었다. 인근에 있는 여러 샘의 이름을 따서 명명되었으며, 빅 스프링 역으로도 알려졌다. 스프링 스테이션은 알렉산더가 사는 곳으로, 그의 지원을 받던 남장로교 선교사들이 알렉산더에게 편지를 보내는 주소이기도 했다. 그는 1929년 우드포드에서 53세 나이로 세상을 떠났다.
2 당시 켄터키주에 있던 의과대학 중 하나이다.

위를 취득할 예정입니다.

제가 지원자 가운데 한 명이 될 수 있도록 친절히 조언해 주시
길 부탁드립니다. 이 문제에 대해 조언 주실 박사님께 미리 감사
드립니다.

존경을 담아,
J. W. 놀런.

1904년 4월 21일
켄터키 루이스빌 제퍼슨 테라스 6번지

알렉산더 박사님, 켄터키 스프링 스테이션

친애하는 박사님께,

오[3] 의사가 박사님의 하스피털 칼리지 방문 정보를 제게 알려왔습니다. 짐작하건대 제가 의료선교사로서 충분한 역량을 갖추고 한국에 가는 것과 관련해서 저와 더 깊이 논의하기 위해서겠지요. 우리가 서로 볼 수가 없었다는 것이 굉장히 아쉽습니다. 우리가 만날 수는 없었지만, 한국으로 가고자 하는 저의 생각은 전혀 변하지 않았습니다. 오 의사는 제가 갈 수 있는 가능성을 거듭 언급하며 재촉하였고, 그의 간절한 말처럼 "마케도니아로 속히 오라"는 부르심은 제 마음 깊은 곳을 파고들었습니다.[4]

---

3 해관(海觀) 오긍선(吳兢善, 1878-1963)을 가리킨다. 충청도 공주군 사곡면 운암리 마곡사 아랫마을에서 오인묵(吳仁黙)의 아들로 태어났다. 오인묵이 전보사(電報司) 주사(主事) 벼슬을 하였으므로 서울에 올라온 오긍선은 1896년 배재학당에 입학하여 영어를 비롯한 신학문을 배웠으며, 침례교 선교사 스테드만에게 한국어를 가르쳤다. 1899년에 학업을 마치고 강경으로 와서 스테드만의 조수가 되어 선교하였다. 1901년에 스테드만이 한국을 떠나자, 군산에 온 남장로교 선교사 윌리엄 불에게 한국어를 가르쳤다. 1902년에 의료선교사 알렉산더가 군산에 파견되었다가 아버지가 돌아가셔서 곧바로 귀국했는데, 이때 오긍선을 알게 되어 미국에 데려가 센트럴대학에 입학시켰으며, 1904년 루이빌의과대학에 편입하여 다닐 수 있게 재정적인 후원을 해주었다. 1907년에 귀국하여 군산, 광주, 목포의 병원장을 거쳐 세브란스의학전문학교 최초의 한국인 교장으로 활동하였다.

4월 2일 편지에 쓰신 박사님의 권고에 따라, 저는 체스터 박사님께 편지를 드렸습니다. 그랬더니 그분께서 지원서, 법률 지침서, 규정 등을 보내주시면서 응답해주셨습니다. 머지않은 미래에 박사님과 함께 그 문제에 관해서 세세히 살펴보는 즐거운 시간을 갖기 희망합니다.

진심으로 담아,
J. W. 놀런.

---

4 이 부분은 오긍선이 알렉산더에게 보낸 편지에서도 확인된다.
"닥터 놀런과 만나 한국에 있는 선교 지역에 관해 좋은 이야기를 나눴습니다. 우리는 닥터 체스터를 반갑게 만났습니다. … 아마도 놀런은 [선교사로] 부름을 받을 것 같습니다." -Kung Sun Dh to A.J.A. Alexander, June 4,1904. 한미경·이혜은, 「"My Dear Dr. Alexander": 편지를 통해 본 오긍선의 미국 유학 시절(1903-1907)」, 『신학논단』 제97집, 2019, 273쪽.

1904년 6월 1일
켄터키 루이스빌

친애하는 박사님,

체스터[5] 박사님의 지시에 순응하여, 저는 지원서와 진단서 등을 작성하여 그분에게 보냈습니다. 아마도 다음 주 초에 그분에게서 소식을 들을 것으로 보입니다.

시험이 차츰 다가오고 있습니다. 그래서 너무도 자연스레 우리 모두 떨고 있습니다.

감사와 진심을 담아,
J. W. 놀런.

---

5 미국 남장로교 해외선교부 총무로, 한국에 여러 차례 방문하였다.

1904년 6월 8일
켄터키 루이스빌 제퍼슨 테라스

켄터키 스프링 스테이션, A. J. A. 알렉산더 박사님

친애하는 박사님,

박사님의 지난번 편지는 늦지 않게 도착했습니다. 그 편지 속에 있는 무언가 때문에 저는 선교사가 반드시 감내할 희생이 있다는 것을 잊어버렸습니다.

체스터 박사님의 요청에 응해서, 저는 어제 내쉬빌에 있는 이사회에 출석했습니다. 제가 선교사로 출국하기 전에 이사들과 얼굴을 익히는 기회를 가졌으면 하는 의도였다고 체스터 박사님께서 말씀해주셨습니다. 이사들은 정말 친절하고 따스하게 저를 맞아주셨습니다. 그분들은 모두 온화하셨으며 아버지와 같았습니다. 그분들이 보여주신 마음에서 우러나며 애정이 있는 환영을 받고, 저는 제가 곧 맡게 될 책임의 중요성을 생각하게 되었습니다.

그곳에는 벨 씨 부부[6]도 있었습니다. 제한된 시간 때문에 저는

---

6 남장로교 한국 선교사로 전라도에 파견되었던 유진 벨(Eugene Bell, 1868-1925) 부부를 가리킨다. 1901년에 순회 전도여행을 하던 중에 목포에 남아 있던 아내 로티 벨(Lottie Bell)이 심장마비로 갑자기 세상을 떠나자 유진 벨은 두 자녀와 함께 미국으로 돌아와 안식년을 가졌는데, 2년 뒤에 동료 선교사 불(Bull)의 누나 마거릿 휘태커 불(Margaret Withtaker Bull, 1873-1919)과 재혼하여 목포 선교지부로 돌아왔다. 여기서 말하는 벨 선교사 부부는 신혼의 유진 벨과 마가렛 벨을 가리킨다. 유진 벨의 편지는 내한선교사편지번역총서 제2권, 로티 벨의 편지는 제3권으로 출판되었다.

제가 그분과 나누고자 간절히 원했던 대화를 나누지는 못했습니다. 그분은 한국에서의 사역에 열정으로 환히 불타고 있었습니다. 박사님에 대해서 아주 많이 문의했으며, 그곳에서 박사님에 관한 아주 아름다운 표현들 몇 가지가 공개적으로 나왔습니다.[7]

제가 "공식적으로" 이사회에 출석했을 때, 큰 방에 둥그렇게 배치된 의자에 이사들이 앉아 있는 것을 보았습니다. 곧 저는 하나님이 정말 털이 깎인 양에게는 거센 바람을 보내지 않으시는지 궁금해졌습니다. 이렇게 위엄있고 학식있는 집단에게 심문당하는 상황을 마주하였을 때 저는, 가장 파멸적인 판결에 내몰린 러시아인 수감자의 모습을 떠올리게 되었습니다. 그러나 저는 단지 몇 가지 질문만 받게 되었는데, 저의 교육, 종교 훈련, 교회 사역에서의 경험 등과 관련된 것이었습니다.

마지막으로 어느 신사가 제 인생을 간략하게 말해 달라고 하였고, 이것에 다른 분들도 동의하셨습니다. 이제껏 연단 위에서 보여준 '무모한 체념'과 같은 저의 웅변학적 능력을 부러워한 사람은 아무도 없었습니다. 하지만 저는 뭔가를 말해야만 한다는 것을 깨닫고, 자리에서 일어나서 말하기 시작했습니다.

자신을 교본으로 삼아야만 한다는 것은 아주 당혹스럽습니다.

---

7 유진 벨은 놀런과 대화를 나눈 이틀 뒤 내슈빌에서 알렉산더에게 편지를 보내어, 자신의 견해를 전달하기 위해 만나자고 제안하였다.
"아내와 저는 다음 주 월요일이나 화요일에 켄터키로 돌아갈 예정이며, 19일 일요일 이후라면 언제든 박사님을 뵈러 갈 수 있을 것 같습니다. 언제가 좋을지 알려주십시오. 오 의사, 놀런 의사, 스튜어트 모펫, Ex. Com.을 만나왔습니다. 이와 관련하여서 박사님과 상의하고 싶습니다. 그러나 서신으로 하는 것보다 뵙고 상의하기를 원합니다." 「내한선교사 편지 디지털 아카이브」 Letter From Bell To Alexander (19040610)

제가 대단한 일을 했다면 누군가가 저에 대한 전기를 쓰고 그래서 이 이사회에 출석하기 전에 이사들이 그 전기를 살펴볼 수도 있었겠지만, 제가 그런 위대한 일을 성취한 것이 없어서 아쉬웠습니다. 저는 아주 짧지만 결코 심오하지 않은 피실험자[8]를 가지고 있기에, 그에 대해서 곧 남김없이 철저히 밝히고, 자리에 앉았습니다.

어떤 결정적인 조치가 취해지지 않았지만, 체스터 박사님은 제가 의료선교사로 지명될 가능성이 거의 확실에 가깝다고 넌지시 알려주셨습니다.

배를 타고 출발할 시간이 다가올수록 저의 열정이 점점 커지는 것을 스스로 느낍니다.

친절과 진심을 담아,
J. W. 놀런.

---

8 의사인 자신을 객관화시켜 가리키는 말이다.

1904년 6월 16일
켄터키 루이스빌 제퍼슨 테라스 6번지

켄터키 스프링 스테이션, A. J. A. 알렉산더 박사님

친애하는 박사님,

박사님의 9일 자 편지를 잘 받았습니다. 제가 벨 목사님과 함께 떠날 수 있는지 아닌지에 대한 선생님의 질문에 대해서 저의 대답이 약간 애매할 수도 있습니다. 저의 임명이 절대적으로 확실하다는 것을 제가 안다면 8월 1일 경에는 출발할 수 있도록 조정할 수 있습니다. 물론 아직까지 저는 어떤 긍정적인 확언을 듣지 못했습니다.

지난 몇 주 중에, 제 교수님 중의 한 분 즉 학장님께서 학교에 함께 있자는 제안을 제게 하셨습니다. 이 점을 고려하면, 이사회는 아주 이른 시기에 결정적인 뭔가를 해야만 할 것입니다. 그러나, 해외로 가겠다는 저의 마음은 정해졌으며, 그 마음을 바꾸려면 상당히 중요한 뭔가를 요구해야 할지도 모릅니다.

시험은 25일까지 계속됩니다. 따라서 방문해 달라는 박사님의 아주 정중한 초대에 대해, 저는 시험으로 인해 박사님께서 다음달 1일로 정하신 그 날짜에는 안타깝게도 가지 못할 것 같습니다

그렇습니다. 모펫 씨와 스튜어트 씨, 두 분을 만났습니다. 그분들은 룩아웃 산에서 열리는 집회(Lookout Mt function)에 관해서 말씀하셨습니다. 가능하다면, 저는 그 모임에 참석할 것입니다.

이사회가 어떤 결정을 했는지에 대해서 이번 주에는 저에게 알려줘야 할 것 같습니다.

우리는 모두 크랜베리를 파는 상인들처럼 아주 바쁘답니다.[9]

친절을 담아,
J. W. 놀런

---

9 대개는 merchants 뒤에 in November가 따라오는데, 추수감사절 (Thakskgiving, 11월 4쨰 목요일) 음식에 꼭 포함되는 크랜베리를 파는 상인이 그즈음에 몹시 바빠지는 것에서 온 말이다, 반짝, 정신없이 바쁘다는 뜻이다.

1904년 7월 4일
켄터키 루이스빌 제퍼슨 테라스 6번지

켄터키 스프링 스테이션, A. J. A. 알렉산더 박사님

친애하는 박사님,

아, 그리고 저는 의학사 학위를 받았습니다. 학장님께서 제 성적이 우수했다고 알려주셨습니다. 지금 한국에서 뭔가를 하고 있으면 좋겠다는 생각을 합니다. 어서 출발했으면 합니다.

그러나 올해 제가 너무도 바쁘게 시간을 보냈기에 저는 사역을 위해 회복하고 재충전할 짧은 휴가가 필요하다고 생각합니다. 벨 씨가 내일 이곳으로 오실 것입니다. 우리는 제가 짧은 휴가를 갖는 것에 대해서 세세하게 살펴볼 것입니다.

혹시 체스터 박사님께 소식을 넣으셔서, 다음 이사회가 끝나고 이른 시일에 그분이 편한 시간에 제가 이사회의 결정에 대한 정보를 얻고 싶어 한다는 것을 말씀해주실 수 있을까요?

선생님께서는 제가 목포로 파송되리라 생각하시는지요? 제가 목포로 가게 되면 제가 장비를 구매해야 할까요? 아니면 군산에 있는 장비를 목포로 옮기게 되는지요?

모든 일이 잘되기를 기원합니다.

안부를 전하며,

J. W. 놀런

1904년 9월 21일
한국, 서울

사랑하는 형제에게,

일본에서 8월 31부터 9월 11일까지 머문 후에 우리는 제물포로 가는 배를 타고 떠나서 9월 16일 그곳에 도착하였습니다. 그런 다음 서울 가는 첫 기차를 탔습니다.

서울 기차역에서 불 씨 부부, 전킨 씨 부부, 레이놀즈 부인이 우리를 만나주셨고, 그분들은 우리를 아주 따뜻하게 환영해주셨습니다. 그분들의 따스한 악수에서, 그리고 솔직한 환영의 말에서 우리는 이곳 추수할 곳에서 그분들과 함께 수고한다는 것이 큰 특권을 주는 즐거움이라는 것을 깊게 새길 수 있었습니다.

공의회[10]가 진행중이었는데 여기서 진행된 회의들은 아주 흥미로웠고 도움이 되었습니다. 공의회에서 우리는 수십 명의 사역자들을 만났는데 그분들 전부 우리들이 한국에 오게 된 것을 진심으로 환영해주었습니다. 이런 동료애와 환호의 한 가운데에서 우리는 고향에 있는 것과 같은 느낌을 받았습니다. 저는 공의회에 아주

---

10 여기서 '공의회'는 '장로회선교부공의회(The United Council of Presbyterian Missions)'를 일컫는다. 1884년 북장로회, 1889년 호주빅토리아장로회, 1893년 남장로회가 내한하여 활동하면서, 장로회 연합 기구인 '장로회선교부공의회'가 1893년 조직되었다. 이후 1898년 캐나다장로회도 가입하였다. 1901년부터는 한국인들도 입회가 허락되어 1907년 첫 번째 노회가 조직되기 전까지 장로회의 치리 기관으로서 역할하였다.

깊은 관심이 생겼습니다. 그래서 모펫 씨의 말씀을 아주 주의 깊게 들었습니다. 모펫 씨는 게일 씨가 한국에 관해 새로 간행한 서적 『선구자 The Vanguard』[11]에서 윌리스라는 인물로 묘사되어있습니다. 선생님께서 이 책을 읽으시면 재미있어하실 것 같습니다. 정말 흥미롭습니다.

주일날 저는 처음으로 한국어로 하는 설교를 들었습니다. 처음에는 귀를 쫑긋하고 아주 열심히 들었지만, 예배가 두 시간 째로 접어들자 예배는 제게 다소 최면 효과를 불러왔습니다.

우리 남장로교 한국선교회는 딱 한 분 잉골드 의사를 제외하고는 월요일 오전에 모였습니다. 맥커첸 씨가 전킨 씨의 뒤를 이어 다음 연도 의장에 선출되었습니다. 박사님께 부탁받은 책과 선물을 맥커첸 씨와 다른 분들에게 전달했어요. 선물을 받고 그들이 얼마나 고마워 하던지요. 자신들을 기억해주셔서 고맙다는 감사의 말씀을 박사님께 전해드리라고 저에게 부탁하셨습니다.[12]

---

11 조선사회를 깊이 통찰했던 캐나다 선교사 게일(James S. Gale)이 1904년에 뉴욕 Fleming H. Revell Company에서 간행한 장편 실화소설인데, 원 제목은 『The Vanguard: A Tale of Korea(선구자: 한국의 이야기)』로 320쪽 분량이다. 평양과 서북지역에서 선교했던 사무엘 모펫(주인공 윌리스)과 서울 연동교회 초대장로 고찬익(등장인물 고씨)을 주인공으로 하여, 당대 선교사들의 실제 사역과 한국 개신교 초기의 모습을 사실적으로 그려냈다.

12 이 부분에 대해서는 이때 책을 전달받은 전킨 선교사가 알렉산더에게 보낸 편지에 더 확실하게 기록되어 있다.
"이제 마지막으로 우리 한 사람 한 사람을 기억해주시니 박사님께 얼마나 감동받았는지 말씀드려야겠네요. 놀런 박사를 통해 우리 모두를 아기들까지 기억해 주셨어요. 놀런 박사가 나눠주기 시작하자 큰 센세이션이 일어났어요. 선교부의 비서가 박사님께 러브레터를 쓰도록 지시를 받았습니다. 만약 그가 그렇게 하지 않았다면, 그는 우리 회의의 정신을 파악하지 못한 것이고, 그가 지시에 따르지 않은 것입니

한국은 제가 상상했던 바로 그 모습이었습니다. 제 머릿속에 한국에 대한 그림을 그려온 붓은 한국의 사역자들이 쓴 글을 물감으로 사용했습니다. 저는 오물(dirt)이 왕 노릇 하고 있을 거라 예상하고 왔습니다. 그리고 솔직히 말해서 아직까지 예상과 달라서 놀란 적은 없습니다. 그런데 오물에 대한 글을 쓴 사람들은 오물이라는 주제에 대해서 전혀 제대로 다루지 않아왔기에 비판 받아야 합니다. 아주 드문 경우를 제외하고는 모든 곳에 오물이 있습니다. 다양한 형태로 넘쳐나는 오물은 아주 무책임하게 버려져 있고 무모하게 무시되고 있습니다.

어떤 면에서 서울은 미국의 어느 도시와 유사합니다. 만약 그 도시가 하수구를 다 열어 놓았고 수년간 집 앞마당의 쓰레기를 몇 년 동안 쌓아놓았다면 말이지요. 이런 끔찍한 오물의 존재는 시각이 아닌 다른 매개를 통해 마음에 표현됩니다. 상상할 수 있는(만약 그럴 가능성이 있다면요) 가장 혐오스럽고 역겨운 것들이 무제한적으로 풍부하며, 남은 생애 동안 코를 막아버리고 싶을 만큼 충분히 끔찍합니다. 그런데 박사님께서도 직접 보신 상황들을 묘사하느라 박사님을 번거롭게 할 필요는 없겠지요.

이곳의 모든 사람들이 박사님에 대해서 많은 질문을 하였습니다. 그리고 우리 모임에서 박사님에 대한 친절한 언급이 아주 많았습니다. 그 중에는 군산 선교지부에서 온 보고서, 즉 '알렉산더 풍차'[13]와

다." 전킨이 1904년 10월 22일 알렉산더에게 보낸 편지.
13 알렉산더가 군산에 있는 동안 풍차 설치를 계획했다가 마무리짓지 못하고 귀국했으므로, 군산에 있던 선교사들이 알렉산더에게 결과를 자주 보고하였다. 전킨 선교사

관련된 것도 있었습니다. 풍차는 그곳 사람들에게 편리함을 가져

가 풍차를 주문하여 1904년 1월 11일 편지에 보고하였으며, 불 선교사는 3월 23일 편지에서 "올해는 추위가 예년보다 훨씬 오래 지속되었고 어제도 눈이 왔습니다. 이제는 풍차를 설치해야 할 때가 되었고, 제물포에서 일본인 기술자가 내려오는 대로 설치를 하려고 합니다."라고 중간 보고를 하였다. 전킨 선교사는 같은 해 9월 8일 편지에서 잘 작동하고 있다고 보고하였다.

"박사님의 편지를 보니, 풍차가 제대로 작동하지 않고 있다고 느끼시는 것 같습니다. 그러나 풍차는 아름답게 작동하며 일반적인 바람에서는 낮과 밤에 탱크를 채우고, 때로는 훨씬 더 짧은 시간이 걸리기도 합니다. 우리는 풍차를 세우는데 어리석은 실수를 했다는 것을 인정합니다. 우리에게 아무런 지침이 없었기 때문에 땀을 많이 흘리기는 했지만, 우리가 결국 펌프를 만들었습니다. 물론 작동도 잘 됩니다. 하지만 물론 여분의 파이프가 필요하지 않았기 때문에 이전에 우리는 가죽 와셔를 고쳐야 했고, 마음의 짐을 덜었습니다. 아이들이 바퀴가 돌아가는 것을 너무 보고 싶어 했기 때문에 우리는 사다리에서 떨어지지 않으려는 수많은 두살배기들과 풍차의 생명을 보존하기 위해 20피트 높이의 대나무 울타리를 풍차 외관 전체에 둘러야 했습니다. 풍차를 보기 위해 가깝거나 먼 곳에서 사람들이 왔고, 그들이 원숭이처럼 풍차에 올라가기 전에 우리가 먼저 그들을 본다면 그들에게 무언가를 가르칠 수 있는 좋은 기회가 되는 것입니다. 우리가 대나무 울타리 작업을 마치기 전에 전 목사님이 대나무 한 대를 가지고 20명의 장난꾸러기들을 잡으러 언덕 위로 맹렬한 추격전을 벌이는 것은 쉽게 볼 수 있는 광경이 아니었습니다. 다행스럽게도 이런 일들 때문에 제가 발명해야 했던 (그리고 모두가 공개적으로 유감을 표하는) 이 울타리는 누군가가 쉽게 기어오르거나 부러지지 않는 것이 증명되었습니다. 풍차를 세우자마자 저는 믿음 없는 사람들의 한국이 우리의 방식으로 지어지지 않았다는 것을 보여주기 위해, 더 높은 임금을 받기 위해 물을 가지고 다니는 우리 아이들이 얼마나 힘든 시간을 보냈는지 생각했습니다. 저는 철사가 그것을 통과할 때마다 차례로 표시되는 나무토막에 얇은 대나무를 꽂고 깃발을 달아서 탱크의 리사이터를 만들었습니다. 물의 움직임으로 인해 저장소가 필요합니다. 블록이 물의 수위에 따라 위아래로 미끄러져서 모든 집에서 보이기 때문에 우리는 우리가 가장 좋은 특허를 가지고 있는 것처럼 의기양양합니다. KA KYA부터 KOO KI Ka까지 시멘트로 만든 우물이 있어서 물이 매우 맑고 정말 호화스럽게 생활하고 있습니다. 제가 탱크를 덮어두기 전에, 불 선생님의 문지기가 탱크에서 목욕하는 현장을 잡았다고 이야기한 적이 있었나요? 우리는 물이 끓는 것을 방지하기 위해 철사 스크린 센터로 페인트 캔버스 덮개를 동굴처럼 만들어 놓았습니다. 봄에는 수조 주위에 나무를 심으려고 합니다."「내한선교사 편지 디지털 아카이브」.

다 주는 사치품이면서 동시에 사람들을 모여들게 하여 그들에게 말할 기회를 만들어 줍니다. 따라서 풍차는 두 가지 역할을 해 내고 있습니다.

오늘 아침 회의에서 우리의 근무지가 결정되었습니다. 대니얼 의사 부부는 임시로 군산에 배치되고, 포사이드 의사는 전주에 배치되며, 저 자신은 임시로 목포로 배치되고 결국에는 광주로 이동하게 되는데, 광주는 한 지역의 중심지이며 육지로 40마일 들어간 곳에 있습니다. 포사이드 의사가 다른 곳에 가고 제가 군산에 배정되기를 희망했었지만, 실망하지는 않습니다. 선사람들은 광주에 건물이 세워지는대로 목포를 완전히 포기하는 것이 바람직하다고 생각하고 있습니다. 이 문제는 아직 공식적으로 안건으로 채택되지는 않았습니다만 논의될 것입니다. 스트래퍼[14] 양은 목포에서 손을 떼는 것에 대해서 유일하게 반대하고 있는 사람인 것 같습니다. 8월 말 프레스톤 목사 가정에 가족이 한 명 늘었습니다. 그런데 그 어린 아들은 생존할 것으로 보이지 않습니다. 다리 하나를 절단해야만 하는 상황이 생겼는데 에비슨 박사는 여기에 대해 희망적으로 말하지 않습니다.

박사님이 쓰시던 장비가 제가 있을 선교지부로 전해지리라 생

---

14 스트래퍼(Fredrica Elizabeth Straeffer, 1868-1939)는 서여사(徐女史)라고 불린 여성 선교사인데, 1899년에 남장로교 선교사로 내한하여 목포선교부에 배속되었으며, 유진 벨 선교사의 집을 빌려 부녀자와 여학생들을 가르쳤다. 1903년에 설립한 목포여학교는 후에 정명여학교로 이름을 고쳤으며, 지금의 정명여중과 정명여고로 발전하였다. 프레스톤 부인이 학교에 부임하자 경영권을 넘겨주고 순회전도사역에 헌신하였으며, 목포 양동교회에 부인반을 조직하여 성경을 가르쳤다. 1908년에 미국으로 돌아갔다.

각합니다. 체스터 박사님이 현장에 사용되지 않고 있는 다른 장비가 있다는 조언을 해 주셨을 때, 잘못 이해했던 것 같습니다. 오웬 의사는 거의 갖고 있지 않고, 드루 의사가 남긴 의료 기구들도 숫자는 아주 적습니다. 그렇지만 저는 이런 것들을 모을 시간이 있을 것입니다. 선교부에서는 석 달을 보내기 전까지는 진료를 금하고 있기 때문입니다. 저는 어서 저의 선교지부로 가서 언어를 배우고 싶어 조바심이 납니다.

제가 미국을 떠나기 전에 서로 충돌되는 충고들로 아주 혼란스러워, 이곳으로 가져왔어야 할 것 중 몇 가지를 빠뜨렸습니다.

박사님의 책과 관련하여 우편국에서 있었던 일입니다. 저희는 미국 쪽 세관을 아주 짧게 방문하였는데, 세관원은 기차에서 일을 보느라 바빠 사무실에 없었습니다. 저는 겨우 그를 만나, 책을 실은 상자들은 미국으로 돌려보내야 한다는 것을 말하고 그 상자들을 부쳐달라고 요청할 수 있었습니다.

박사님으로부터 소식을 더 자주 듣기 희망합니다.

형제의 사랑을 담아
J. W. 놀런.

우리가 배를 탈 때에 금지 물품을 가져가지 말라는 충고를 들었습니다. 그래서 저는 총이 없습니다. 군산에 박사님 총에 대한 무기한 양도 증서가 있다면, 제가 총을 구하기까지 그 총을 사용해도 괜찮은지요.

1904년 11월 30일
아시아, 한국, 목포

친애하는 박사님,

제가 처음 한국에 왔을 때, 저는 시간이 더디 갈 것이고, 독서와 글쓰기를 할 충분히 많은 여가 시간을 가질 것이라 생각했습니다. 그런데 정반대 상황입니다. 언어라고 불리기에는 부적절한 것과 네 시간을 힘들게 싸운 후[15], 식사와 필수적인 신체운동, 응급 진료 등등을 하고 나면 여가의 시간이 전혀 없는 것은 아니지만 아주 적습니다.

다시금, 하루는 어떻게 흘러갔는지 모르고 저는 무엇을 이루었는지 생각합니다. 아무 것도 이룬 것이 없습니다. 있다고 하더라도 아주 적은 것을 이루었습니다. 그렇다고 낙담이 되는 것은 아닙니다. 경험 많은 선교사님들이 "항상 뭔가를 하는데 이룬 것은 하나도 없는 것처럼 보인다"는 등의 증언을 하시기 때문입니다.

언어는 현지인들을 이해하는 것만큼이나 어렵습니다. 사실, 언어와 현지인 둘 다 도깨비불 또는 말썽쟁이 요정처럼 보여서, 여기 저기 자유롭게 떠다니면서 어느 때는 흐릿했다가 어느 때는 전혀 보이지 않고, 또 어느 때는 마치 ABC처럼 분명합니다.

---

15 선교사들은 3년 동안 한국어를 필수적으로 배우고 시험에 통과해야만 정회원으로 인정받았다. 의사들은 진료를 받으러 오는 환자들이 워낙 많았으므로, 한국어를 제대로 배우지 못하고 진료를 시작하는 경우가 많았다.

제가 소년이었을 때 저는 저보다 큰 소년들에게 저의 권투 능력을 시험해보고자 했습니다. 저보다 덩치가 큰 아이들이 (저에게 졌을 때) 복수하기보다는 "먼로 주의[16]"를 실행할 수밖에 없을 것임을 알았기 때문입니다. 그것과 꼭 같은 정신으로 저는 이 언어를 두들겨 패고 있습니다. 이 언어는 말하거나 쓰는데 사용하는 매개물이라기보다는 언어적인 면에서 기형아 또는 괴물인 것처럼 보입니다.

박사님은 10월 19일자 편지에서 신입 선교사들의 업무 배치에 대해서 언급하셨습니다. 제가 대니얼 부부와 포사이드에 관해서 충분한 설명을 하지 않은 것 같습니다. 전킨 부부는 전주로, 해리슨은 군산으로 갔습니다. 만약 처음부터 포사이드가 군산에, 그리고 대니얼 부부가 전주에 배치되었더라면, 포사이드 부인과 포사이드 양이 도착할 때까지 군산에는 단 한 사람의 여성, 즉 불 부인만 있게 됩니다. 포사이드와 대니얼의 업무 배치는 일시적입니다. 포사이드 부인이 오자마자 포사이드 의사는 항구적으로 군산에, 대니얼 부부는 전주에 머무르게 될 것입니다. 저는 연례회의 이후에 이질로 고생하다 회복한 다음 즉시 전주를 방문 했었는데, 제가 그 선교지부를 떠날 때에 전킨은 이러한 변화의 편의성을 재고하지 않았습니다.[17]

---

16 미국의 제5대 대통령 제임스 먼로가 1823년 12월 2일 의회에 제출한 연두교서에서 밝힌 외교방침으로, 유럽과 아메리카 대륙 간에 상호 불간섭을 주요내용으로 하는 외교적 고립정책을 가리킨다.

17 1904년에 전킨 목사가 전주로 배치되었다. 그러나 전킨 목사의 건강상의 이유로 원래 있던 군산으로 재배치하는 것을 선교회에서 고려하지 않았다.

박사님! 이곳 현장에는 이목을 끄는 것이 너무 많아서, 만약 제가 그것들을 세세히 말하려고 한다면 선생님께서는 따분해지실 수도 있겠습니다. 오웬 의사와 동행하여, 저는 광주지역에 있는 시골에서 한 주를 보냈습니다. 우리의 사역과 관련하여 제가 본 것들은 비관론자들의 열정을 깨우기에 적합합니다. 도처에 기독교인들이 눈에 두드러집니다. 때때로 그들은 그저 인사하고 환영를 표하기 위해 우리가 지나가는 길에 나타났습니다. 때때로 그들은 우리가 언제 광주로 갈 것인지 물어보기 위해서 나타났습니다. 한편으로 그들은 우리가 그들을 위해 찬양을 불러주고 복음에 대해 이야기 해주기를 바라고 있었습니다. 그들은 복음을 믿으며 그것을 통해 구원받을 수 있다는 믿음을 갖게 되었지요. 모든 마을에 정규적으로 모이는 장소를 가진 "무리"들이 있는 것처럼 보입니다. "안식일을 범하는" 사례가 몇몇 보고되었지만 이런 사례들은 극히 드뭅니다. 저는 조랑말을 타고 육로를 이용해 혼자 목포로 돌아왔습니다. 목포로 오는 중 둘째 날은 제가 55마일을 왔습니다. 유달리 시끄러운 목소리를 가진 저의 마부가 큰 소리로 울고불고하는 가운데 목포 선교지부 구내에 저녁 11시에 도착했습니다. 그 마부는 아주 분통을 터트릴 뭔가를 할 기회가 있으면 그 기회를 놓치지 않았습니다. 제가 처음 그와 길을 나섰을 때 그는 초당 100의 속도로 말하는 일련의 문장들을 저에게 쏟아냈습니다. 그는 제가 전혀 이해하지 못하게 만들었는데, 그는 제가 자기 말을 이해하지 못하는 이유가 자기가 너무 낮은 소리로 말해서라고 생각했습니다. 그는 제가 제대로 이해하게 만들기로 마음먹고는 자기 목소리를 몇십 옥타브로 올려서, 펠레 산[18]이 불과 용암을 다시 쏟아내기 시작한 것처럼 맹렬하고 끔찍하게 말하기 시작했습니다. 그 마부는 이 화산과 또 다른 면에서 닮았는데, 그것은 그가 일단 말을 시작하며 어떤 인간도 그의 말을 멈추게 할 수 없다는 것입니다.

저는 현지인 여관에서 하룻밤을 묵는 특별한 기회를 가졌습니다. 제가 나이 들어 머리가 하얗게 되고 비틀거릴 때라도 저의 기억 속에 푸르게 남을 경험입니다. 모르페우스[19]는 월더프 애스토리아[20]에서 그랬던 것처럼 절대적으로 군림하지 못하였습니다. 잠을 파괴하는 다양하고도 치명적인 동물이 존재하였기 때문입니다. 각각의 동물들은 의심의 여지없이 자신이 가지고 있는 엄청난 활력과 에너지를 보여주고 싶어하는 것 같았습니다. 하나가 조용히, 신중히, 대담히 저의 머리부터 발끝까지 걸어서 작전을 시작했습니다. 그런 다음에 다른 존재들에게 '이것은 키 작은 부랑자라는 사실'을 깨우쳐줬습니다. 그들은 의식을 치르듯 머리를 산들바람에 드러내고 겁먹지 않고 내 속에 구멍을 팠습니다. 이 구멍들 중 몇 개에 저는 코르크 마개를 설치했고, 다른 구멍에는 적이 탐험을 마치고

---

18 펠레 산(Mount Pelée, 1397m)은 서인도제도 마르티니크 섬의 상피에르 시 근교에 있는 화산이다. 프랑스 식민지였으므로 흔히 '몽펠레'라고 하는데, 이 화산은 성층 활화산으로, 1902년에 폭발하였다. 하루가 지나자 산기슭에 있던 상피에르 시가 완전히 파괴되었으며, 3만여 주민 가운데 2명만 살아 남았다고 한다. 그 뒤에도 여러 차례 크고 작은 폭발이 일어나다가 1932년 이후 잠이 들었다.

19 모르페우스(Morpheus)는 오비디우스의 변신 이야기에 등장하는 그리스 꿈의 신이다. '모습'이라는 뜻으로, 꿈속에서 사람의 형상을 빚어낸다.

20 1893년에 문을 연 미국 최고급 호텔로, 월도프 아스토리아 뉴욕 호텔은 1931년부터 맨해튼의 중심인 파크 애비뉴에서 운영을 시작했다.

나올 때 그들을 함정에 빠뜨릴 수 있기를 바라며 '철로 된 덫'을 놓았습니다. 그런데 그들은 노련한 노병들의 모든 전략과 교활함을 가지고 있었습니다. 저는, 큰 일에 대한 재미있는 생각 때문에 잠을 잘 수가 없었던 마르코 보차리스[21]가 자신의 안전한 텐트에 앉아 있는 것이 떠올랐습니다. 그와 달리 저는 작은 것들 때문에 잠이 들 수가 없어서 몸을 떨고 몸부림 쳤지만요. '티클 모아 태산'이라는 오래된 아일랜드 속담이 보차리스와 저의 차이를 설명해 줍니다.

이번 여행은 저의 관점에서 보면 제게 도움이 됐습니다. 이 여행으로 저는 우리 사역지를 볼 수 있었고, 사역도 하고 제가 익힌 언어의 일부를 사용할 수 있었으며 위에 막 언급한 것과 비슷한 경험들을 짧게나마 할 수 있었습니다.

장비에 관해서입니다. 저는 상당한 양의 약을 샀으며 몇 개의 도구들은 우리를 떠났습니다. 군산에서 저는 드루가 사용하던 것 및 여분의 도구를 발견했는데, 그것을 포사이드, 다니엘, 그리고 제가 나눠 가졌습니다. 그래서 저는 장비를 완벽히 갖추고 있습니다.

우체국에서 온 물건들을 수령 하셨다니 기쁩니다. 그렇지만 책들이 망가졌다니 안타깝습니다.

얼 목사가 도착하였습니다. 그는 우리와 일주일을 머물렀고 그의 부임지인 군산으로 가고 있습니다. 그는 믿음이 강한 사람으로 사역에 아주 소중한 도움이 될 것이라 믿습니다. 그는 이 나라와

---

21 마르코스 보차리스(1788-1823)는 오스만 터키제국에 대해서 그리스 독립전쟁을 주도한 영웅이다.

사람들에게 아주 호의적인 인상을 갖고 있습니다.

오[긍선]을 만나게 되면 저의 안부 인사를 전해주십시오. 저의 어학교사는 태도도 그렇고, 말하는 것도 그렇고, 키도 그렇고 그를 아주 많이 닮았습니다. 박사님께 더 많이 내용을 쓰고 싶지만, 박사님께서 제 글씨를 알아보시기 위해서 더 수고하시게 될까 봐 걱정입니다. 목포선교지부에 있는 모든 분들이 박사님께 마음 깊은 감사 인사를 보내며 즐거운 성탄절을 기원하고 있습니다. 박사님께서는 우리 선교사들의 마음 속에 자리잡고 계십니다. 즐거운 성탄을 보내시기 바랍니다. 박사님을 기억하며 기도하겠습니다.

진심을 담아,
J. W. 놀런

1905년

1905년 1월 3일
아시아, 한국, 목포

켄터키 스프링 스테이션, A. J. A. 알렉산더 박사님

친애하는 박사님,

이번 한 번은 우리의 게으른 양반들이 박사님보다 한 걸음 앞섰습니다.

우리는 방금 포트 아서(Port Arthur)[1]가 함락되었다는 소식을 들었습니다. 박사님처럼 서양에 있는 진보주의자들은 적어도 두 세 시간은 이 소식에 대해서 모르시겠지요.

---

[1] 요동반도에 있는 청나라 여순(旅順) 항구의 영어식 표기인데, 1860년 제2차 아편전쟁 때에 부서진 배를 수리하기 위해 이 항구에 정박한 영국 해군 중위 윌리엄 아서(William C. Arthur)의 이름에서 따 온 것이다. 여순항에 정박한 러시아 태평양함대를 일본 구축함이 1904년 2월 8일 밤에 기습하여 러일전쟁이 시작되었으며, 러시아군은 몇 차례 돌파를 시도했지만 결정적인 승리를 얻지는 못했다. 그 후 러시아함대는 더 이상 항구에서 탈출을 시도하지 않았고, 일본 순양함 몇 척이 러시아가 설치해놓은 기뢰를 들이받아 침몰했다. 8월 말의 요동 전투 후 러시아 제국군은 봉천(현재의 선양)으로 후퇴하였다. 여순항은 주둔군 지휘관이 상부와 의논 없이 일본 제국에 항구를 양도하여 1905년 1월 2일에 결국 함락되었다.

등(燈), 깃발 그리고 볏짚과 양치류를 환상적으로 꾸며놓은 것들이 도처에서 눈에 보입니다. 일본 우체국 앞에는 소나무 가지와 호랑가시나무로 된 높은 아치형 구조물이 만들어지고 있습니다.[2]

일본인 친구가 저에게 말해주길 이런 끔찍한 전쟁 중에 이렇게 심오하게 중요한 경축행사를 보란 듯이 축하하기 위하여 모든 사업체가 내일 활동을 멈춘다고 합니다. 새해(설날)는 사업체를 느슨하게 하며 음주와 집안 귀신(kindred evil)에 탐닉하게 하는 특별한 날인데, 이 시기에 포트 아서의 함락 소식을 듣게 되어 이런 흥청망청하는 일에 큰 자극제를 줄 것이라고 저는 생각합니다.

바로 오늘 오후에 스트래퍼 양과 윌리 부인이 "일본인 정착지"에서 쇼핑을 하고 있었습니다. 그들이 사진관 앞에서 몇몇 사진을 보고 있는데 술 취한 일본해군 두 명이 와서는 희롱하며 스트래퍼 양의 손을 잡았습니다. 그녀는 그 군인들에게 "가"(go를 뜻하는 한국말로 아랫사람에게 하는 말입니다.)라고 했습니다. 그러자 그들은 "가"라는 말을 빈정거리며 되풀이했습니다. 이때 그들의 행동은 길 건너편에 있던 어느 일본인의 관심을 끌었고, 그가 건너와서는 그 일본 군인들을 쫓았습니다. 만약에 프레스턴 씨나 제가 그 자리에 있었다면, 그러한 모욕적인 짓거리에 분개를 표해야 했던 것은 우리였을 것입니다. 우리 둘은 우리가 어떻게 했을 지에 대해서 방금 토론하였습니다. 일본인들의 배타성으로 인해, 우그들은 우리를 앞뒤에서 막고 우리와 함께 한국인들도 두들겨 팼을 가능

---

2   일본인들이 러일전쟁의 승리를 축하하는 개선문을 여러 지역에 나무와 천으로 급하게 세웠다. 행사가 끝난 뒤에는 철거하고, 사진이나 그림으로만 남아 있다.

성이 큽니다. 그러나 숙녀나 원칙을 지키기 위해서 매 맞는 것은 기분 좋은 느낌일 것입니다.

불 부인과 오웬 의사가 광주에 있는 그들의 임시 거주지로 옮겨 갔습니다. 저는 방금 벨 씨에게서 편지를 받았는데, 그들이 가는 데에 아무 일도 일어나지 않았으며, 호의적인 환영을 받았다는 내용이었습니다. "구경꾼"들은 바닷가의 모래처럼이나 셀 수 없이 많습니다. 벨 부인의 피아노(한국어로 하늘을 찬양하는 것)는 관심을 끄는 핵심 물건이었습니다. 벨 씨가 먼저 피아노를 열고 다섯 명의 남자들에게 올라가서 기계장치를 볼 수 있도록 했답니다. 광주에서의 선교 전망은 아주 좋습니다.

오웬 부부가 떠나자 스트래퍼 양은 오웬 가족네 집으로 이사해 나갔고 저는 스트래퍼의 조그마한 집으로 들어갔습니다. 저는 이 집에 상당히 잘 적응했으며 "너구리처럼 행복합니다." 저는 지금 왕진 요청을 받고 있는데 저의 조악한 한국 언어를 사용하며 왕진을 갑니다. 모두들 제가 최고 의원이라고 하며 많은 것들을 칭찬합니다. 사실은 전형적인 한국 양반의 말 가운데 절반은 칭찬이고 나머지 절반은 거짓말입니다.

저는 의료 사역을 아주 잘하고 있습니다. 제 말을 통역해줄 사람이 필요하지 않습니다. 제가 본 환자 중의 일부가 교회에 나오는 것을 보면 아주 고맙습니다. 그 중 두세 명은 믿을 "마음을 갖게 되었다"라고 제게 말했습니다. 제가 하고 있는 바로 그 사역을 진행하면서 저는 이 사람들이 스스로 몸을 씻어야할 필요성에 대해서 더 한층 확신하게 됩니다. 실제로, 남자 어른들이 머리에 여전히 태아 기름 막[3]을 한 채로 저의 진료소에 왔습니다. 사람들이 청결함과 위생에 대해서 저항하는 한, 그것에 꼭 비례하여 복음의 전파도 어려움을 겪을 것입니다.

한국어로 된 글을 조금이라도 읽고 싶어하실까봐서 선생님께 "구원으로 가는 길"이라는 전도지를 보내드립니다. 또한 포사이드 와 제가 군산에서 전주로 가는 길에 찍은 저희 사진도 보내드립니다.

프레스톤 부부와 스트래퍼 양이 박사님께 안부를 전합니다. 편하실 때 자주 편지해주십시오.

밝은 미소 및 기도와 함께,
J. W. 놀런 올림

사진에서 뒤쪽에 있는 다리를 보십시오. 군산과 전주 사이에 있는 가장 긴 다리였다는 것을 아마 기억하실 것입니다. 그 다리를 건너는 것은 기름칠 된 장대를 올라가는 것만큼 어렵습니다. 그 건축물은 미친 고양이의 등에서 따온 것입니다.

---

3 갓난아기는 젖어있고, 핏덩이로 덮여 있으며, 태지(胎脂, vernix caseosa)라는 비늘로 덮여 있다. 이는 박테리아를 막는 보호막 역할을 한다고 추정된다.

1905년 1월 26일
한국, 목포

켄터키 스프링 스테이션, A. J. A. 알렉산더 박사님

친애하는 박사님,

제 계획은 한 주일 전에 박사님께 편지를 쓰는 것이었습니다만 그때에는 제가 아주 심각한 우울감을 겪고 있었고 잠시 사역을 내려 놓고 싶을 때였습니다. 잠시 마귀가 저를 거의 완전히 장악했던 것처럼 보였습니다. 사흘 동안 악마는 제게 큰 공을 들였습니다. 저는 시큰둥했으며, 거칠었으며, 무뚝뚝했고, 어두운 면만 보였습니다. 당시 한국인들은 전혀 중요하지 않았습니다. 복된 아버지께 몇 시간씩 여러 번 기도드린 후에야 악마의 손아귀에서 풀려나는 것을 느꼈습니다. 주님께서 저의 탄원에 귀 기울여주셔서 저를 구원해주셨습니다.

확실히 우리는 고향에 있을 때 보다 선교지에서 하나님을 알게 됩니다. 선교지에서 우리는 주님께 더 의존하게 되고 주님 앞에 더 자주 나아가게 됩니다. 사람들이 자신의 힘으로 활동하는 것이 헛된 것임을 알게 되는 좋은 날이 속히 오기를 빕니다. 우리가 전달한 이 표현 때문에 저는 구체적인 기도가 주는 지혜가 있음을 확신하게 됩니다. 저는 우리의 믿음과 영적 성장이 증가될 것을 기꺼이 믿습니다. 또한, 우리의 기도가 일반적인 것을 덜 다루고

보다 더 구체적이게 되면 우리의 기도가 주님의 보좌에 도달한다는 더 많은 증거를 보게 될 것을 기꺼이 믿습니다. 때때로 유혹과 영적 공허함과 씨름하는 것이 힘들지만, 주님을 번번히 그리고 부지런히 기다리는 마음 속으로 들어오는 성령의 힘이 주는 상쾌함을 느끼는 것은 좋은 일입니다.

제가 이렇게 괴로움을 느낄 때, 저는 누군가의 귀에 저의 고통을 쏟아놓아야 했습니다. 스트래퍼 양이 선량한 사람이라는 것에 자신감이 있었기에 저는 그녀를 믿었고, 그녀의 연민과 친절한 돌봄을 통해 저는 축복을 받았습니다. 여기서 잠깐 비밀을 하나 말씀드리면, 저는 실제로 더 나은 반쪽[4]이 있으면 한 남자의 효율성을 증가시킬 수 있으며, 사역지에서 그의 즐거움을 키울 수 있다고 믿습니다. 제가 이런 말을 했다고 해서, 혹시라도 어떤 일이 일어나리라고 미리 생각하지 않으시길 바랍니다. 사실 사람이 혼자 사는 것이 좋은 것은 아니라는 것을 잘 알게 되었다는 것을 그냥 말하려는 의도입니다.

그건 그렇고, 맥커첸[5]의 결혼식 초대장을 받게 되더라도 그게 언제든 놀랄 일은 아닐 것입니다. 우리가 서울에 있는 동안, 그는 감리회 선교부의 하운셀 양에게 굉장한 관심을 기울였습니다. 그

---

4 배우자를 가리킨다.

5 맥커첸(Luther O McCutchen, 1875-1960)의 한국식 이름은 마로덕(馬路德)으로, 미국 사우스캐롤라이나 비샵빌 출신이다. 데이빗슨대학, 유니언신학교를 졸업하고 1902년 남장로교 선교사로 목포에 파송되었다. 전주 일대에 수많은 교회를 개척했으며, 신사참배를 반대하여 추방될 때까지 선교하다가, 하와이에 가서 한인 선교를 계속하였다.

러한 관심이 그에게서 위엄과 아버지와 같은 분위기를 불러일으킨 것 같습니다. 바로 오늘 불 씨가 우리에게 편지를 보내, 맥커천이 일을 보러 서울에 갔다고 하였습니다. 서울에서의 그분 거래가 성공하고 우리 한국선교회에 최대한 이른 시기에 인원이 보강되기를 희망하고 있습니다. 하운쉘[6] 양은 아주 매력적인 숙녀입니다. 박사님께서 그에게 편지를 하실 때, 그의 미래에 대해서 꿈을 꾸고 있다는 말을 슬쩍 언급하는 것이 좋겠습니다.

우리 한국선교회 구성원들의 사진을 동봉합니다. 포사이드가 서울에 도착한 뒤에 찍은 사진입니다. 방금 그에게 소식을 들었는데, 기도를 한국어로 하고 사역에서도 한국어를 사용한다고 합니다.

우리의 사역과 우리들을 위해서 기도해주십시오. 진심을 담아 적습니다.

박사님과 함께 동역하는,
J. W. 놀런 올림

---

6 하운쉘(Josephine Houshell, 1876-1967) 선교사는 워싱턴대학과 스칼렛성경학교를 마치고 남감리회 선교사로 한국에 파송되어 캐롤라이나학당(배화여학교) 교사, 원산 루씨여학교 교장으로 봉직하다가 1908년에 맥커첸과 결혼하면서 남장로교로 이적하였다.

1905년 3월 4일
아시아, 한국, 목포

켄터키 스프링 스테이션, A. J. A. 알렉산더 박사님

친애하는 박사님,

1월 12일에 보내신 선생님의 편지가 도착했습니다. 박사님이 보내신 소식을 들어서 아주 기뻤으며, 그 편지는 박사님의 이번 봄 계획에 대해서 제가 들은 첫 번째 초대장이었습니다. 한 젊은이의 꿈이 그런 방향으로 바뀐 것은 기쁜 일입니다. 박사님께서는 의심할 나위 없이 이상적인 삶으로 한 걸음 막 나아가려고 하네요. 이 삶은 우리의 신혼 친구들이 추천하는 것이며, 정말 유토피아라고 묘사하는 삶이지요. 선생님께서 날짜와 장소를 언급하지 않아서 아쉽습니다만 이곳에 있는 친구들에게서 그것들을 전해들을 수 있을 것 같습니다. 너무 서두르는 것처럼 보이고 싶지는 않습니다만, 바로 지금 저는 가장 따스한 축하를 드리며 박사님께 행복한 삶을 충심으로 기원합니다. 박사님께서는 하나의 보물을 구하셨다는 것을 아시게 될 것입니다. 하나님께서 두 분을 축복하시고, 주님께서 박사님을 위해서 준비해두신 면류관을 물려받으라고 하늘로 부르시는 것을 기다리는 동안에 주님의 영이 충만히 함께 하시길 빕니다. 사역지로 온 이래로 사람이 혼자 사는 것이 능사가 아니라는 것을 저 스스로가 느꼈으며, 맥커첸을 본보기로 삼아 저도 사냥

에 나설 의향이 있습니다. 그가 박사님께 자신의 '건강'에 대해서 언급하지 않았을 것입니다. 그런데 그는 전주의 공기가 자신의 건강에 해로우며, 가정교사라는 느낌을 갖게 하기에, 건강을 회복하기 위하여 서울을 빈번하게 방문할 수 밖에 없습니다. 박사님께서는 서울에 가보신 적이 있으시죠. 그래서 서울이 위생상 좋은 곳이기에 서울이 꼭 필요하며, 약한 몸을 기적적으로 고칠 수 있는 능력을 갖고 있다는 것에 대한 저의 믿음과 지식에 동의하실 것입니다. 맥커첸은 이점을 철저히 이해하고 있습니다. 그는 살아있는 동안 인간을 사랑하는 것이 현명한 일인 것을 충분히 알고 있어서, 서울의 꽉 막힌 분위기 속에서 생기에 차서 마음껏 즐기며 살아가고 있습니다. 그곳에 있는 동안 그는 감리교 선교부 소속의 하운쉘 양이라는 어떤 분을 우연히도 많이 만나십니다. 맥커첸이 학문적으로 수준이 아주 높은 사람이기에 그녀를 장로교로 바꿀 것입니다. 그가 승전 깃발을 가지고 돌아오면, 우리 모두는 그럴 것이라 생각합니다만. 그는 칭찬을 받을 것입니다. 한 남자가 자신보다 훨씬 나은 배우자를 사역지에서 선택한다면, 그 사람은 상대방이 진품이라는 것을 확신할 수 있습니다.

얼[7] 씨는 언어 공부에 빠져들고 있으며, 그의 말로는 너무 바빠

---

[7] 레이놀즈 목사와 드류 의사가 1894년에 군산교회를 개척했는데, 일본인 거주지역이 확장되자 군산교회를 담당하던 얼(Earle, Alexander Miller, 한국명 어아력) 선교사가 최흥서 조사와 함께 구복동 77번지(현 영동)에 예배당을 직접 건축하였다. 그 후 지속적으로 부흥하자 군산교회는 1906년 현재의 개복동 13-1번지로 이전하였으며, 이때부터 '군산개복동교회'라고 호칭되었다. 얼 선교사는 그뒤에도 전라북도 일대에 많은 교회를 세웠다.

서 먹지도 못한다고 합니다. 저는 그 언어가 그의 입에 미각을 둔감시키는 어두운 갈색 맛을 남겼다는 상상을 합니다. 한국어가 저에게도 꼭 그런 효과를 냈습니다. 그가 우리와 머무른 짧은 기간 동안 그를 아주 좋아하게 되었습니다. 군산선교부가 그를 잡아채 간 것에 약간 심통이 났습니다. 그를 제외하고 다른 사람들은 목포선교부에 소속됩니다.

저는 지금 정말이지 행복합니다. 주님께서 적합하다고 판단하셔서 우리들 가운데 강한 은총의 사역을 허락하셨습니다. 우리들은 간절한 기도로 모임을 마무리했는데 기도의 효과는 이미 보입니다. 원입교인들은 더욱 빈번하고 끈질기게 질문합니다. 우리 형제들은 열정적입니다. 지도자들은 찰나를 놓치지 않고 [구도자들을] 붙듭니다.

저는 너무 너무 바쁩니다. 박사님이 생각하시는 만큼 편지를 자주 드리지 못한 점을 용서해주십시오. 사실, 우리는 올려다 볼 시간도 없습니다. 『옵저버 *Observer*』 3월호에 한국에서 온 몇몇 기사가 실리는 것을 보실 수 있을 것입니다.

박사님을 기억하며 기도드립니다.

사역의 동역자

J. W. 놀런 올림

1905년 3월 16일
아시아, 한국, 목포

켄터키 스프링 스테이션, A. J. A. 알렉산더 박사님

친애하는 박사님,

박사님께서 보내신 2월 11일 자 편지를 받아서 매우 기뻤습니다.

포트 아서의 함락에 관해서 제가 편지했을 때에, 저는 박사님처럼 서양에 있는 사람들이 동양에서 어떤 일이 일어나기도 전에 미리 안다는 것을 잊고 있었습니다. 느린 동양에 살기 위해서는 풀먹인 셔츠와 함께 현대적인 감각도 필요합니다.

그제 밤에 우리는 어떤 소식을 듣고 공포감에 움찔했습니다.

포사이드 의사가 성난 한국인들의 칼에 찔려 열상을 입은 어떤 양반의 상처를 치료하기 위해 전주에서 60리(30마일) 떨어진 곳으로 갔었습니다.

상처를 소독하고 감싼 뒤에 전주로 되돌아가기 시작했습니다만, 밤이 오고 있으므로 주막(여관)에서 하루를 묵어가기로 마음먹었습니다. 약 9시에 복면을 한 한국인 7명이 와서는 "그 군인"을 내 놓으라고 했습니다.

사람들이 그 외국인은 군인이 아니라 미국인이라고 하였습니다. 그러자 포사이드 의사가 나와서는 외국식 옷, 말을 통해서 주막 사람의 설명이 맞다는 것을 증명해줬습니다.

그러나 그 사람들은 범죄를 저지를 의도를 가지고 왔으며, 그 의도를 실행할 준비가 되어있었습니다.

그들은 포사이드를 총의 개머리판과 크고 작은 칼들로 공격했습니다. 그는 무장하지 않았기 때문에 할 수 있는 저항이라고는 팔로 그 공격을 막는 것이었고, 물론 그것은 의미없는 행동이었습니다. 머리, 몸통, 팔 등 여러 곳이 칼로 베어졌습니다. 그중 한 곳의 자상(刺傷)은 아주 심각하였습니다.

그 자상은 분명 단도에 의해서 생긴 것인데, 단도는 그의 이마를 가로지르고 귀를 두 동강 냈으며 유양돌기(mastoid process)[8]에 박혔습니다. 정확히 3/4 인치였습니다. 총 개머리판으로도 심한 상처를 입은 것이 분명했습니다. 외투 주머니에 있는 만년필이 산산 조각날 정도였습니다.

너무도 많은 피를 흘리며 쓰러졌는데, 그때 어떤 한국인 의사가 와서는 불결한 면섬유로 그의 출혈을 멈추게 했습니다. 대니얼 의사와 전킨 씨가 그곳에 도착했을 때 그는 의식이 반쯤 없는 상태였는데, 피를 많이 흘려 몸이 약했고 구토를 하고 있었습니다.

그러나 외과와 내과를 두루 섭렵한 대니얼이 영웅적으로, 그리고 감탄스러울 정도로 그 응급상황에 대처했습니다. 그는 곧 자극

---

8 유양돌기는 얼굴 양쪽 관자뼈의 아래쪽에 위치하며 꼭지돌기라고도 불린다. 내부에는 정상적으로 공기가 들어있는 공간이 있는데 이곳에 염증이 생기면 이명, 두통, 난청 등의 증상이 나타난다. 심한 경우 귀에서 이명, 두통, 발열이 지속되며 압통, 난청 등의 증상도 동반한다. 때로는 종양이 생기고 이 종양이 파열될 경우 진물이 흐르기도 한다. 한국에서 최근 소방공무원이 가장 많이 걸리는 질병을 조사한 결과, 1위가 유양돌기염인 것으로 밝혀졌다.

제에 반응을 했으며, 구토가 그쳤습니다. 맥박이 돌아왔으며, 의식이 회복되었습니다. 그의 상처를 제대로 소독하고 싸맸으며, 군산으로 옮겼습니다. 그는은 지금 군산에 있습니다.

처음에는 무척 두려웠지만 최근 소식들은 고무적입니다. 우리 모두는 하나님께서 우리와 사역을 위해 그를 살려두시길 기도드리고 있습니다. 그리고 우리의 기도를 들어주신 것처럼 보입니다.

현지인 기독교인들은 포사이드가 그들의 동포들 손에서 그런 폭력을 당했다는 것에 매우 분개하고 있으며, 주님의 섭리로 암살자들의 의도가 무산되기를 바라며 기도하고 있습니다.

두 세명의 기독교인들이 그를 방어했지만 제압당했던 것 같습니다. 습격자들이 한국에 온 사람들 중 가장 성스러운 사람을 살인했다고 생각하며 그들의 불충하고 저주받을 행위를 끝냈을 때, 그들은 다음날 저녁에 다시 오겠다고 공개적으로 말했습니다.

전주의 군인과 경찰 그리고 일본 경찰이 알렌 박사의 요구에 신속히 응답했습니다. 우리는 악당들이 곧 체포되리라 믿습니다. 악당들 한 명을 체포하는데 100엔의 현상금이 걸렸습니다. 그는 최선의 돌봄을 받고 있습니다. 간호는 하루 3달러의 봉사가 아니라 사랑의 봉사입니다.

그는 한국에 있는 짧은 기간 동안 모든 사람들의 마음 속에 확실히 자리매김했습니다.

저는 포사이드의 소식이 그의 어머니와 누이동생에게 혐오감을 주지 않을 것이고, 하나님께서 당신의 강한 사랑의 팔로 그분들을 감싸주시고 위로해주시리라 믿습니다.

만약 그분들이 렉싱턴(Lexington)에 계신다면 찾아가서서, 포사이드가 잘 이겨내고 있으며 최고의 돌봄을 받고 있다는 것을 확신시켜주십시오.

저는 박사님께서 말씀하신 붉은 벽돌집에 살고 있지 않고, 스트래퍼 양이 전에 살았던 한국식 작은 집에 살고 있습니다.

이 집은 일본인 정착지에서 선교지부로 올 때 왼편에 있습니다. 이 집은 침실, 서재, 행랑채(outer room), 부엌, 창고가 있는 작은 집인데 제가 사용하기에는 넉넉합니다.

비록 이 집은 작고 가구도 거의 갖춰져 있지 않지만, 저에게 편한 집이며 여기서 저는 많은 한국인들과 행복한 시간을 보냅니다.

맞습니다. 포사이드와 제가 있는 사진은 박사님이 제게 주신 카메라로 찍은 것입니다. 비전문가가 찍은 것치고는 그렇게 나쁘지는 않지요?

이 사진기는 저에게 큰 편리함을 줍니다.

먼 이곳에서는 고국에서라면 전혀 고마워하지 않았을 많은 것들에 대해서 고마움을 느낍니다. 얼마 전 저는 달력 몇 개를 받았습니다. 고향에서 다이아몬드로 된 작은 귀걸이를 대하듯 저는 그것들을 소중히 대하고 있습니다.

오웬 의사가 병원 용도로 약 600달러를 가지고 있습니다.

적은 돈이지만 필요한 돈을 모으는데 종잣돈이 될 것입니다.

저도 병원 갖기를 간절히 바랍니다. 이 일로 저는 며칠 잠 못 이루는 밤을 보냈습니다. 의사와 빈번하게 만나고 대화할 수 있는 병원이라야 사람들을 훨씬 더 가깝게 접촉할 수 있습니다.

이곳의 의사들은 거친 선구자의 사역을 해야만 합니다. 다른 말로 설명하자면, 의사들이 산을 폭파하고 나면 목사들이 와서 길을 만듭니다.

박사님께서 우리에게 사람을 찾아주시는데 성공하시길 우리 모두 바랍니다. 목포-광주선교지부[9]는 남자도 필요하지만 독신 여성을 간절히 필요로 합니다. 스트래퍼 양이 아주 훌륭한 사역을 하고 있지만, 더 나은 사역을 위해서는 다른 독신 여성을 갖는 것이 그녀를 훨씬 여유롭게 해줄 것입니다.

박사님의 봄 계획에 대해서 알게 되어 아주 기쁩니다.

시인 테니슨에 따르면, 봄의 대기는 큐피드의 화살로 가득한데, 젊은이 어느 누구도 그 화살을 막을 수가 없다고 합니다.

박사님을 위해서 많은 행복이 예비되어 있습니다.

박사님께서 유럽에 도착하시면, 이곳 우리의 사역을 보러 먼저 들르시고 미국으로 돌아가신다고 알고 있습니다. 조선에 잠시 들리면 아주 이상적인 신혼여행이 될 것입니다.

---

9 선교지부의 원문은 스테이션(station)인데, 선교거점, 또는 선교단지이다. 여기서 말하는 목포 스테이션을 예로 들면 1897년 10월 군산에서 열린 미국 남장로교 한국 선교부 제6차 연례회의에서 전라남도 목포에 스테이션을 설치하기로 결정하고 선교본부에 필요한 자금 1,500불을 요청하였으며, 유진 벨 선교사를 책임자로 선임하였다. 남장로교 한국선교부의 세 번째 지역거점인 목포 스테이션에는 14,000평 구내에 영흥학교와 정명여학교, 프렌치기념병원, 양동교회가 세워졌다. 선교사들은 비교적 안전한 이 구내에서 미국식 일상생활을 하면서 전도-교육-의료-여성 파트로 역할을 나누어 조직적이고 전방위적인 협동 선교활동을 펼쳤다. 1932년 현재 재한 개신교 선교부가 설치 운영하고 있던 스테이션은 모두 34곳이었다고 한다. 송현강, 「미국 남장로교 한국선교부의 목포 스테이션 설치와 운영(1898-1940)」, 『종교연구』 제53집, 한국종교학회, 2008, 249-250쪽.

부인되시는 분도 이 일로 훨씬 행복하실 것입니다.

박사님께서 오시기를 고대하고 있습니다.

박사님을 생각하며 기도합니다.

사역의 동역자

J. W. 놀런 올림

1905년 5월 1일
목포

친애하는 박사님,

지난 달 26일 캔자스시티에서 열린 선생님의 결혼 청첩장을 이제 막 받았습니다.[10]

미국과 한국이 8천 마일이나 떨어져 있어서 박사님 인생에서 아주 중요한 이 결혼식에 참석하는 즐거움을 포기할 수 밖에 없는 것이 너무도 섭섭합니다.

저를 생각하시며 청첩장을 보내주신 것에 대해서 마음 깊이 감사드립니다.

이것에 앞서, 박사님께서는 지금 박사님을 존경하고 사랑하는 셀 수 없이 많은 친구들의 축하를 가득 안고 유럽으로 가고 계시리라 판단됩니다.

박사님께서 출발하시기 전에 혹시 이 편지가 도착한다면 다른 친구분들의 축하에 더하여 제가 드리는 가슴에서 우러나는 진심 어린 축하도 받아주십시오.

박사님께서 지금 너무 행복하셔서 저의 사역에 대한 어떤 보고도 주의 깊게 들으실 수 없을 테니, 주님께서 제가 한 보잘 것 없는 수고를 축복해주셔서 몇 사람이 의료 선교라는 도구를 통해서 세례

---

10 알렉산더가 4월 28일 할로웨이(Kate L Holloway)와 결혼하였다.

를 받았다는 것만 말씀드리겠습니다.

귀의 습진이 심해서 너무 끔찍이 가려워서 거의 미쳐버린 사람이 있었습니다. 저는 그 사람을 돕기 위해 저의 능력을 보여주었는데, 주님께서 저의 노력을 축복해주셨고 그 사람은 지금 우리 교회에서 가장 열성적인 사람입니다.

아! 저는 새로운 종교 각성의 큰 물결이 이 나라를 이제 막 휩쓸려고 한다는 것을 확실히 믿습니다.

굉장히 고무적인 소식이 사방에서 들려오고 있습니다.

전주에서는 신자가 너무도 많은데 그곳 교회가 너무 작아서, 그 교회에서 집회가 열리지 못했습니다.

목포에서는 사람들이 교회 바깥에 서 있고 창문을 통해 듣습니다.

우리는 모두 너무 바빠서 박사님을 기쁘게 할 그 모든 이야기들을 들려주기 위해 일을 멈출 짬도 없습니다.

비록 사역에 필요한 장비가 불충분하다는 단점을 제가 안고 있지만, 제가 가진 모든 설비들을 사용하여서 의료 사역을 통해 복음을 전파하고 있습니다.

저의 진료소에는 사람들이 많이 찾아옵니다. 하루가 24시간이 아니라 40시간이었으면 합니다.

저는 한국인들을 너무나도 사랑하게 되었습니다.

한국인들은 충직한 사람들이며, 하나님께서 이 나라를 힘 있게 세우셔서 다른 동양 사람들에게 기독교를 소개하도록 하실 것입니다.

대니얼[11] 의사가 저를 군산으로 불렀습니다. 우리 한국선교회의

스데반과도 같은 포사이드에게 성형수술을 해도 되는 가를 상의
하기 위해서였습니다. 저는 고름이 나오고 있기 때문에 수술이 적
절하지 않다고 했습니다. 수술을 하면 외양돌기 세포를 위험하게
만들 수도 있어서 수술을 하자고 할 수 없었습니다.

그는 잘 이겨내고 있습니다.

외이도(外耳道)에서는 고름이 흐르고 있지만 귀 뒤쪽에서 나오
는 고름은 거의 없습니다.

머릿 가죽의 상처는 전혀 회복되지 않았습니다. 열대요란 때문
인 것 같습니다.

그는 힘과 안색, 그리고 걸음걸이의 탄성을 회복하고 있습니다.

저는 이번에 그와 함께 대니얼 부부를 데리고 돌아왔습니다.

지금 이시간 대니얼 부부는 프레스톤의 첫 번째 시골 전도여행
에 동행하고 있습니다.

포사이드는 기도하는 사람입니다.

그분과 함께라면 영감을 얻습니다.

그렇게 흔들리지 않는 믿음을 본 적이 없습니다.

그는 어머니로부터 편지를 받지 못해서 지금 다소 가라앉아있
습니다.

어머니의 건강이 나쁜 것처럼 보이나 심각하지는 않습니다.

그는 지금 저의 집에 머물고 있습니다. 그와 같이 있는 것이 너
무도 즐겁습니다.

---

11 대니얼(Daniel, T. H.) 박사가 1897년 전라북도 군산시 구암동에 군산구암병원(群山
龜巖病院)을 세웠는데, 구암야소병원, 궁멀병원이라고도 불렸다.

저의 집 사환이 1급 의료 조수로 성장하고 있다는 것을 말씀드립니다.

저는 그를 보내서 고름이 잘 흘러가는지 살펴보게 합니다. 그 사환이 진료소에서 거의 대부분의 상처 소독을 합니다.

그는 지금 하나님을 믿으며 성경을 공부하고 있습니다.

제가 보내드린 일본산 화병을 받으셨는지요?

박사님 약혼자의 주소를 몰라서 박사님께 보내야만 했습니다. 유명한 사쓰마[12] 도자기 공방에서 온 것입니다.

군산에 새로운 사람이 왔다는 것을 들으셨지요. 불 씨의 11파운드 나가는 딸입니다. 두 세 달 더 있으면 다른 출생 소식도 있을 것입니다.

신입 선교사 모집의 문제는 이미 현장에 있는 사람들이 해결해야만 하는 것으로 보입니다.

목포는 또 다른 독신 여성을 몹시도 필요로 합니다.

저는 이 문제가 으뜸이며 가장 중요하다고 봅니다. 스트래퍼 양은 2년 이내에 휴가 갈 것입니다. 새로 온 선교사는 그 시기에 한국어에 대해서 실제적인 지식을 갖고 있어야 합니다.

물론 목포에는 목사들도 필요합니다. 그렇지만 가장 급박한 것

---

12 사쓰마(薩摩)는 지금의 일본 가고시마현 일대인데, 임진왜란 당시 사쓰마 번주 시마즈 요시히로(島津義弘)가 박평의(朴平意) 등 조선인 도공 42명을 붙잡아 구시키노(串木野), 이치기(市来), 가고시마(鹿児島) 지역에 머물게 하면서 도자기를 생산하게 하였다. 사쓰마도기(薩摩燒)는 1867년에 일본을 대표해서 파리만국박람회에 출전(出展)하여 구미에서 유행하던 일본취미에 큰 영향을 미쳤다. 그 후 「SATSUMA」라는 브랜드로 국제적으로 널리 알려지게 되었다.

은 독신 여성입니다.

루이스빌과 웨일즈에서 큰 부흥이 있다는 소식을 들어서 기쁩니다. 전 세계가 막 대각성을 하려고 하는 것 같지 않습니까?

성령이 전에 없이 사람들 사이에서 노력하고 있다고 믿습니다.

하나님이 못하실 일은 없습니다. 그리고 군대가 하지 못하는 일을 기도는 할 수 있습니다.

우리 선교지부는 모두 건강합니다.

스트래퍼 양은 항상 약했으나 전에 어느 때보다 지금 더 건강하다고 말하게 되어 저는 기쁩니다.

프레스톤 부부는 곧 중국으로 가서 스튜어트와 모펫을 만나고 사역을 살펴볼 것입니다.

다시 한번 새로운 행복한 삶을 충심으로 기원합니다. 하나님의 축복이 박사님과 박사님의 가정에 늘 함께 하시길 기도드립니다.

사역의 동역자이며 행복한
J. W. 놀런 올림

1905년 9월 3일
목포

친애하는 알렉산더 박사님,

시간의 압박을 받고 있습니다만, 단 한 마디는 전해야겠습니다.

오늘 목포는 굉장히 서글픈 모습을 보입니다.

24시간 내내 아주 사나운 폭풍, 아마도 폭풍이 우리를 할퀴었습니다.

단단히 엮어놓은 초가 지붕이 뜯겨 어디론가 날아가버렸습니다.

이 끔찍한 바람 앞에 서 있는 것은 무엇이건 이 바람을 더욱 화나게 만들었고, 그 결과물들은 바람의 분노와 비례했습니다. 바람의 힘 때문에 창문에 있는 유리가 산산조각 났습니다.

기와가 마치 코르크 마개처럼 지붕에서 뽑혀져 나갔습니다.

우리 집의 천정들은 격식 없이 주저앉았습니다. 선생님께서 오늘 아침 저의 집에 들어올 수 있으셨다면, 제가 가지고 있는 벽면 장식에 관한 생각이 고전적인 의미의 벽면 장식과는 다소 거리가 멀다고 생각하셨을 것입니다.

저는 창문에 깔개를 못질해서 걸었고, 큰 욕조 밑에서 자려고 하였습니다.

제가 이렇게 새로운 일을 시도했던 이유는 다른 집으로 가고자 길을 나서는 게 두려웠으며, 무너지는 다른 천장으로부터 보호받고자 했기 때문입니다.

평화! 저는 평온이 회복될 때까지는 평화라는 단어가 지니는 무게를 제대로 알지 못했습니다.

처음에, 저는 수건과 속옷으로 창을 막아보려고 시도했습니다. 그런데 그것들은 바람에 쓸려가 버렸습니다.

어디로 갔는지 모릅니다.

아마 박사님은 모래사장을 가로질러 우리 구내로 가는 둑길을 기억하실 것입니다. 그것은 아주 흉포한 자연에 부딪쳐서 작은 흔적만 남아버렸습니다.

프레스톤 씨는 무기를 소지하고 남쪽 섬들에 가 있습니다.

벨 씨 부부는 연례회의에 가는 도중 이곳에 들렀습니다.

벨과 저는 오늘 아주 좋은 시간을 보냈습니다.

비록 날이 아주 궂고 흐리지만, 우리 교회에 상당히 많은 군중이 모였습니다. 벨은 그만의 강력한 방식으로 설교하였고, 많은 관심을 받았습니다.

오늘 저녁 교회에서 돌아오는 중에 우리는 제가 4개월 전에 수술을 했던 한 남자를 만났습니다.

그는 취해있었고 저를 갑자기 잡아채더니 싸우는 곰이 그러듯 저를 꽉 안았습니다. 그때 그는 실수한 것을 깨닫고 자신의 상태에 대해서 사과했으며, 이제부터 교회에 규칙적으로 출석하겠다고 약속했습니다.

저는 우리 교회를 환자들로 가득 채웠습니다.

저희의 보잘 것 없는 수고에 보상해주시는 하나님께 우리 모두 감사드립니다. 저는 특별한 지식과 도구가 필요하다는 것을 느낍니다.

박사님과 알렉산더 부인께 안부를 전합니다.

진심을 담아,
J. W. 놀런 올림

1905년 10월 28일
한국, 목포

친애하는 알렉산더 박사님,

제가 박사님으로부터 소식을 들은 지 많은 시간이 흘렀고, 제가 박사님께 지난 번 소식을 전한 후로도 많은 시간이 흘렀습니다.

제가 전킨 부인을 진료하기 위해 전주에 갔던 것과, 그 후에 프레스톤 부부를 진찰해 달라는 전보를 받고 목포로 다시 왔다는 것을 알고 계실 것입니다. 이곳에서부터 저는 서울에서 개최된 연례회의와 공의회[13]에 다녀왔습니다. 저는 또한 성서위원회의 끝자리에 껴 들어갔습니다. 같은 나라 출신자들이 모인 곳에서 다시 한 번 듣게 된 것이 얼마나 큰 기쁨인지를 모르실 것입니다. 이곳에서 시골에 머무르면 용감하게도 이끼라고 불리는 식물이 우리 등에 쌓입니다. 동포들을 만나서 이끼를 털어 내버리는 것은 위안이 되는 일입니다.

광주를 선택하고 목포를 버린다는 것에 대해서 알고 계시지요. 우리는 지금 짐을 다 쌌습니다. 그런데 최근 일어난 일들을 보며

---

13 1905년 장로회 4개 선교부, 감리회 2개 선교부가 협의체를 형성하면서 순수 선교사 중심의 재한개신교선교부공의회(The General Council of Protestant Evangelical Mission in Korea)가 결성되었다. 이 단체의 목적은 선교 사업을 전개할 때 서로 협력하는 것으로, 궁극적으로는 '한국 땅에 유일한 하나의 개신교교회를 조직하려는 것'을 목적으로 하였다. [출처: 한국민족문화대백과사전(조선예수교연합공의회(朝鮮－敎聯合公議會)]

우리가 실수하고 있다는 것으로 저는 판단합니다. 뛰어난 은총의 역사가 이곳 사람들 가운데 일어나고 있습니다. 우리 교회는 회중을 붙잡지 못할 것입니다. 사람들은 계속 들어오고 있습니다. 사람들을 교회로 데려온다고 해서 우리의 책임이 끝나는 것은 아닙니다. 사람들을 가르쳐야 합니다. 기독교인들이 눈물을 흘리며 우리에게 남아달라고 간청합니다. 불쌍한 자들이 제게 와서는 "의사 선생님이 없으면 우리는 어떻게 하지요?"라고 묻습니다. 그들을 두고 떠날 생각을 하니 제 마음이 무너집니다. 한국인들은 저의 친구들이며 저는 그들을 사랑합니다. 저는 이제 좀 더 보수적인 사람들 사이에서 친구를 찾아야 할 것 같습니다. 박사님! 제가 최근에 큰 축복을 받았는데, 그걸 꼭 말씀드리고 싶습니다. 상당한 시간 동안 저는 하나님의 사랑에 대해서 생각하고 있었습니다. 이 모든 것이 주님의 사랑에 달려있는 것처럼 보입니다. 주님께서는 저의 마음을 한국인을 사랑하는 마음으로 채워주셨습니다. 그래서 저는 기쁩니다. 저를 위해 자주 기도해주십시오. 기도로 협조하지 않으면, 우리는 어려움에 처해집니다.

저의 연례보고서는 연례회의 의사록에 실릴 텐데, 실리면 박사님께 한 부 보내드리겠습니다.

최근에 제가 한 가정의 식구 가운데 한 명의 장염전[14]을 치료해

---

14 장염전(腸捻轉)은 소화관의 일부가 장간막을 축으로 회전하거나 주변 섬유화에 의해 유착되어 꼬인 상태를 말한다. 장염전은 장의 통과장애와 순환장애를 초래한다. 이로 인해 처음 증상이 생긴 후 몇 시간 안에 전체 장 괴사가 일어날 수도 있다. 노인에게는 S상 결장, 선천성으로 장 회전에 이상이 있는 청장년에게는 맹장에 잘 발생한다. 극심한 통증과 복부 팽만이 나타난다.

서 그 가정 전체가 교회에 왔습니다. 그들은 너무 감사해하면서, 하나님께서 저를 보내서 그들을 살려주려고 한 시간의 고통을 없애신 것을 보면 하나님이 하심이 틀림없다는 말을 하였습니다. 저의 치료를 받은 그 남자는 지도자가 될 가능성이 있습니다.

서울에서부터 저는 이 나라를 가로질러 원산까지 자전거를 타고 건너갔습니다. 원산에서 저는 저다인 목사님과 로스 의사를 짧게 방문했습니다. 내년에 놀라운 일이 있기를, 그리고 그들의 사역을 기대합시다. 저는 의료 사역이 한 번도 시도된 적이 없는 곳으로 가게 됩니다. 그곳에서 많은 사람들이 제게 감사하게 될 것입니다.

박사님과 사모님 두 분 모두 건강하시리라 믿으며 또한 두 분이 아주 행복하다는 것을 알고 있습니다.

이 편지지가 만족스럽지 못하겠지만, 모든 것이 찢겨나가고 [온갖 것으로] 가득 찬 제 방을 박사님이 볼 수만 있다면, 이보다 더 나쁜 편지지도 용서할 것입니다.

기회가 생길 때 편지 부탁드립니다.

박사님의 형제
J. W. 놀런 올림

1905년 12월 26일
한국, 광주, 목포를 경유함

친애하는 박사님,

저는 한국에서 가장 행복한 사람입니다. 그런데 이 모든 것들은 주님이 하신 것입니다. 주님께서는 저의 기도에 응답해주셨습니다. 그래서 현재 저의 진료소에서 저는 오전 10시부터 해질 때까지 또는 취침시간 때까지 일합니다. 저의 치료가 좋은 결과를 내고 있는데 그 결과는 저의 기술 때문이 아니라 기도에 대한 응답 때문입니다. 박사님께서는 기도가 힘이 있는 것이라는 것을 아시죠. 주님 도움이 없는 수술은 아무 소용이 없습니다.

최근 저는 큰 수술을 시도했으며, 오늘 저는 아래턱의 일부를 재봉합하여 경동맥을 성공적으로 묶었습니다. 경정맥과 경동맥에 문제가 없었습니다. 이곳에서 의료사역이 이렇게 큰 성공을 거둔 것은 전혀 저의 공이 아닙니다. 저는 이 수술을 위해 기도했으며, 한국인들과 우리 선교부 식구들에게 기도해달라고 부탁했습니다. 주님께서 하신 일입니다. 기도를 하면 우리는 모든 것을 이룰 수 있습니다. 저는 너무 기뻐서 소리쳤습니다. 하나님돠 가까이 있으면서 하나님의 임재를 느낀다는 것이 얼마나 영광스러운 일인지요. 이교도들에 대한 사랑과 우리 가슴 속의 기도로, 우리는 사악함과 죄악의 영향을 물리칠 수 있습니다. 저는 장비도 제대로 갖추고 있지 않습니다. 저와 함께 하시는 주님을 위해 제가 벌여놓은 것을 보고 웃으실지도 모르지만, 저는 어떤 실수도 두렵지 않습니다. 내일 저는 후방 검구 유착[15] 건을 수술할 예정입니다. 이곳에는 눈과 귀에 많은 질병이 있습니다. 이쪽 전공에서 특별한 훈련을 받았으면 좋겠다는 생각을 하고 있습니다. 제가 돈이 있다면 베를린에 가서 귀와 눈에 대한 공부를 하고 싶습니다. 3년의 수업을 듣고 와서 선교사로 살아가기에 제가 이것에 대해서 할 수 있는 것이 거의 없습니다. 귀와 눈의 질환이 너무도 많기에 저는 공부를 하여 특별한 수련을 하고 도구도 갖춰야한다고 생각합니다. 박사님 의견은 어떠신지요?

만약 제가 기금이 있다면, 의료 사역이 느슨한 초여름에 나갈 수 있습니다. 에비슨 박사님께서는 이곳 한국에서 누군가는 눈과 귀에 대해 전공을 해야 한다고 생각하십니다. 한국에서는 귀의 질환을 제대로 치료하는 의사가 없습니다. [특정 전공의 전문의의 반대로서] 일반의가 더 인기가 있기 때문입니다. 제가 이 분야를 맡아야만 합니다. 이것에 대해서 박사님의 의견은 어떤지 편지해 주십시오. 저는 오웬 부인이 출산에 어려움을 겪어서 분만 수술을 해야만 했습니다. 그분은 지금 건강하십니다.

선생님을 기억하며 기도합니다.

믿음의 형제인

J. W. 놀런 올림

---

15 안구(眼球)나 눈꺼풀을 덮는 결막 따위에 궤양이 생겼다가 낫는 과정에서 눈꺼풀과 안구의 결막이 붙은 상태인데, 결막붙음증이라고도 한다.

1906년

1906년 2월 28일
한국, 광주

친애하는 박사님,

2월은 진료소에서 치료한 환자가 600명이 넘고, 12건의 중대한 수술이 있었습니다. 저는 사역 중 있었던 어떤 일에 대해 글을 쓰고 있는데, 그 글은 『미셔너리 *The Missionary*』 4월호에 실릴 것입니다.

겨울이 끝난 것처럼 보입니다. 좋은 봄 날씨는 전도여행에 좋습니다. 스트래퍼 양은 곧 고향으로 떠납니다. 이곳은 독신 여성이 간절히 필요합니다. 위원회에 강권하셔서 랭킨 양(Miss Rankin)[1]을

---

1 랭킨(Nellie B. Rankin, 나은희, 1879-1911)은 애그너스 스콧 대학을 졸업하고 1907년에 남장로교 한국 선교사로 전주에 파견되었으며, 여학교 제2대 교장에 취임하였다. 1909년에 학교 이름을 전목사기념여자중학교(The W. M. Junkin Memorial School for Girls)로 정하고, 1910년에는 화산동에 2층 붉은 벽돌집을 신축하여 이전하였지만, 이듬해인 1911년 8월 13일에 맹장염으로 세상을 떠나 전주예수병원 묘지에 안장되었다. 3천 달러가 넘는 상당한 유산을 선교기금으로 남겨, 그 이자가 오랫동안 한국의 여성교육에 사용되었다. 랭킨선교사의 편지는 내한선교사편지번역총서 제6권으로 번역 출판되었다.

보내 달라고 하십시오. 저는 삼차 신경통 때문에 심하게 아파서
이틀 동안 침대에 누워 있어야만 했습니다.

J. W. 놀런 올림

1906년 3월 11일
한국, 광주

켄터키 스프링 스테이션, A. J. A. 알렉산더 박사님

친애하는 박사님,

박사님의 1월 26일 자 편지를 받아서 기쁩니다. 남장로교 총회 (Convention)에 참석하신다니 기쁩니다. 그곳에서 한국에 대한 관심과 지원자를 모집하는데 박사님께서 쓰이시길 희망합니다. 우리는 도움을 필요로 합니다. 우리는 가르침을 필요로 합니다. 저는 지금 여성반에서 위생과 노래를 가르치고 있습니다. 성령께서 한국인들의 삶과 얼굴에 가져다준 변화를 미국에 있는 우리 기독교인들이 볼 수만 있다면 좋겠습니다. 성령께서 그들을 농노제도의 바로 그 재에서 건져내어 자유를 주셨고 미래를 희망하게 하셨습니다. 우리는 지금 새로운 일꾼들의 보강이 필요합니다. 저는 전에 했던 것보다 더 많은 글을 쓰기로 결심했습니다. 우리는 고향의 교회만큼이나 글쓰는 것에 대한 의무를 가지고 있습니다. 그래서 우리는 사람들이 사실을 바꿀 때까지 사람들 앞에 사실을 계속 말할 것입니다. 여기서는 가르치는 일이 가장 중요합니다. 만약 의사가 1,000배로 증가한다고 해도 수요는 충족되지 않을 것이며 고국에서 의사를 모두 데려오는 것도 희망할 수 없습니다. 따라서 우리는 이곳에 의학교를 설립해야 합니다. 저는 두 명을

훈련시키고 있는데, 그들 중 한 명은 저와 3개월 보낸 뒤 누관[2]을 수술했습니다. 저는 수업 규모가 커질 때까지 다른 사람들을 받아들이고자 합니다. 육신의 질병으로 고생해야만 하는 불쌍한 사람들을 생각해보십시오. 그런데 한국 현지인 의사들은 더 형편없습니다. 현지인 의사의 충고를 듣고서 끓는 물에다 삔 발목을 담궈 놓았던 어떤 사람이 그 삔 발목을 가지고 저를 찾아왔습니다. 또 어떤 여자는 유양돌기염을 가진 어린 아이의 머리에 똥을 싸 매고 데려왔습니다. 무지를 몰아내고 당당히 그 위에 올라 서는 것이 대단한 시도라고 생각하지 않으십니까?

벨 부인이 이달 7일에 씩씩한 사내아이를 출산했습니다. 그녀는 임신중독증을 앓았고 아기가 나올 때 회음부를 찢어놓은 것처럼 보였습니다. 12바늘을 꿰맸는데 그중 다섯 바늘은 질에 사용되었습니다. 수술은 그림처럼 잘 되었습니다. 그녀는 발열 없이 잘 지내고 있습니다.

저는 요즘 아무 것도 거절하지 않고 있습니다. 저에게 하라고 하는 모든 것을 수술합니다. 저는 서투른 목수가 연장을 탓한다는 결론에 도달했습니다. 저는 철사와 같은 것으로 몇 가지 도구를 만들었고, 그것들은 잘 작동하고 있습니다. 전깃줄로 훌륭한 견인기와 좋은 검안경을 만들 수 있습니다. 저는 불리한 상황이 저의

---

2 누공(瘻孔, fistula) 또는 누관(瘻管)은 의학에서 혈관, 창자, 중공 기관과 같이 두 개의 빈 공간(기술적으로 두 개의 상피 조직 표면)이 비정상적으로 이어진 것을 뜻한다. 누공은 상처나 수술에 의해 발생하는 것이 보통이지만 감염이나 염증에 의해 발생할 수도 있다.

일을 방해하는 것을 용납하지 않을 것입니다.

일본의 지배가 사역을 방해하지는 않습니다. 일본인과 한국인들 사이에는 아주 많은 반감이 있어서 우리는 두 민족의 상호 이해를 위한 부서(a bureau of sympathy)가 되었습니다. 그래서 우리 기회를 더욱 증진시키고 있습니다. 한국인 현지인들은 새로운 정권을 기뻐해야만 합니다. 그들이 두려워해야 할 것은 박해가 아니고 몇 세기에 걸친 단조로운 동일성에 의해서 깊게 닳은 오래된 쳇바퀴를 떠나고자 하지 않는 것입니다. 한국 관리들의 부패는 역사에서 유례를 찾을 수 없습니다.

베를린에 가는 여정과 관련하여, 저는 3등 선실이나 혹은 그것이 무엇이든 가장 싼 방법으로 가는 것을 계획하고 있었습니다. 이들 불쌍한 사람들이 저를 너무 벗겨 먹어서 저는 3센트짜리 점심이 딸린 자리를 살 충분한 돈이 없습니다. 비용이 얼마나 들지 전혀 모릅니다만, 많이 들지는 않을 것입니다. 저는 이곳 사역이 느슨한 6월이나 7월에 출발하기 소망합니다.

남쪽 지방치고는 이례적으로 이번 겨울은 짧았습니다.

박사님께서 하시는 모든 일이 잘되기를 빌며
J. W. 놀런 올림

1906년 3월 28일
한국, 광주

친애하는 알렉산더 박사님,

저는 저의 할머니와도 언쟁을 벌일 만큼 화가 나 있습니다. 최근에 사회적 상황에 대한 조사를 하였는데, 제가 알게 된 결과는 저를 화나게 했을 뿐만 아니라 저를 호전적으로 만들어 버렸고, 인원 증강을 요청하는 것에 좌절감을 느끼게 되었습니다. 총을 모아달라고 요청하고 싶습니다.

어제 저는 34살 남자와 약혼한 14살짜리 어린 소녀의 목과 겨드랑이의 삼각지대에서 결핵성 분비샘을 제거했습니다. 그녀의 부모는 사망하였고, 할머니가 몇 냥을 받고 이 소녀를 그 남자에게 판 것과 다름없습니다. 그녀는 아주 불행했는데 그녀의 생명을 갉아먹고 있었던 끔찍한 정신적 고통이 그녀를 너무도 비참하게 만들었습니다. 저는 그녀를 스트래퍼 양에게 보냈는데, 그녀가 모든 이야기를 해 줬습니다. 그녀는 도망갈 수가 없었습니다. 도망가면 그녀는 이 나라에서 활개 치는 또 다른 도덕적 제약에 그녀를 노출 시키게 될 것이기 때문입니다. 그녀는 유일한 위안이 자살이라고 말했습니다. 저는 이 나라에서 이런 행위를 비난할 수는 없습니다. 만약 제가 이런 불쌍한 여자 중 한 명이라면, 저 또한 남편에게 괴롭힘을 당하고, 매 맞고, 감시당하느니 차라리 가장 명예스럽지 않은 죽음을 선택할 것입니다. 한 편, 어떤 남자가 있었는데, 그는 아내가 불륜을 저지른다고 의심했습니다. 그는 자신이 아무 것도 하지 않고 빈둥거릴 때 아내가 논밭에서 하루 종일 고된 일을 하고 돌아와서 그의 음식을 준비하는 동안 그녀를 잡아채고는 그녀의 코끝을 물어뜯었습니다. 제가 그 남자를 만날 수 있었다면 저는 그 남자를 죽였을 것입니다. 만약 아내가 불륜을 저지른다는 의심을 받게 되면, 그녀의 코끝은 물어뜯기거나 칼로 베어져서 온 세상 사람들이 남편이 의심한다는 것을 알게 됩니다. 이런 사안에 대해서는 사회적 합의를 거친 다음에야 제가 그런 사람들에게 설교를 할 수 있을 것입니다. 이 나라에서 의사는 끔찍한 대상입니다. 어떤 여성이 출산하고 나서 약간의 자궁 탈출증이 있었습니다. 현지인 의사가 질에 질산을 발랐습니다. 자궁경관 아래 상처 조직의 수축이 매우 적었고, 자궁벽은 굳어있었습니다. 그녀는 제게 와서는 제가 그녀를 치료할 수 없으면 그녀는 죽을 것이라고 했습니다. 남편이 그녀를 그렇게 절대적이고 참기 어려운 고통에 처하게 만들기 때문입니다. 박사님께서도 이곳에서 의료 경험을 하시면서 이런 경우를 많이 보셨으리라 생각합니다.

불쌍한 사람들. 한국인들은 일본인들에 대해서 불평해서는 안 됩니다. 양반에 의해 모든 땅을 **빼앗긴** 약한 사람이 있었습니다. 그 부유한 양반은 끈질기게 그 힘없는 사람을 찾아가 "구경"하자며 [땅]문서를 빌리고, 그를 다치게 합니다. 그리고 땅문서를 차지하기 위해 몇몇 관리에게 뇌물을 줍니다. 그 힘 없는 사람은 소유권을 주장할 문서를 가지고 있지 않았기에, 그 양반은 그 땅을 자신이 원하는 대로 사용했습니다. 저는 관찰사에게 그 땅의 문서를 찾아서 그 사람에게 개인적으로 돌려주게 했습니다. 이곳에서 정의라는 것은 이름 뿐입니다. 어느 누구도 목숨, 자유, 혹은 재산에서 안전하지 않습니다. 이것이 수많은 추악함이 존재하는 이유입니다. 진료소는 괜찮고 아주 바쁩니다. 박사님이 시간 되실 때 종종 편지해주십시오.

J. W. 놀런 올림

1906년 4월 15일
광주

친애하는 박사님,

　할머니에 의해서 강제적으로 34살짜리 남자와 결혼하게 되어있었던 어린 14살 소녀가 기독교인이 되었으며, 전혀 다른 아이가 되었습니다. 그녀는 뭔가 대단한 것을 발견한 것처럼 만족스러워 보입니다. 그녀는 예수님을 발견한 것입니다. 이런 사례 때문에 저는 너무 흥분되어 행복한 최종 심판자[3]처럼 싸우고 싶었습니다.

　J. W. 놀런 올림

3　예수를 가리킨다.

1906년 4월 18일
광주

친애하는 알렉산더 박사님,

박사님의 원장(元帳, ledger)[4]을 가지고 무제한 금액을 저의 계좌의 대변(貸邊, Credit/Cr)[5]에 기입해주시기 바랍니다. 이곳은 여름이 코 앞이고 바지 멜빵은 너무 더워서 저는 괜찮은 빨간 허리띠가 필요합니다. (저의 대변계정을 이용하여) 허리띠를 하나 구입하여 주십시오. (저의 대변계정에) 돈이 남아 있으면 1.5달러짜리 맨하탄 셔츠를 [사이즈] 15호로 한 두 개 구입하셔서 제게 보내주십시오. 그 계정은 분명 저먼 인슈어런스(German Insurance)의 제 계좌로 연결되어 있을 것입니다. 그 회사로 전화하시면 됩니다. 분홍색 줄무늬 셔츠를 구해주십시오. 제 환자들 때문에 저의 옷장에는 남아 있는 것이 거의 없습니다.

저는 최고의 시간을 보내고 있습니다. 정말 많은 환자들이 성경과 찬송가를 구입하고 있습니다. 어떤 사람이 "제가 아이의 약을 구하러 왔을 때 저는 외국인과 외국인들의 도(道, doctrine)를 증오했었습니다. 그러나 치료가 된 뒤, 믿고 싶어졌습니다."라고 했습니다. 저는 조수 두 명을 훈련하고 있는데 그중 한 명은 벌써 작은

---

4 원장(元帳, ledger)은 거래를 계정별(計定別)로 기록하고 계산하는 장부이다.

5 대변(貸邊, Credit/Cr)은 부채나 자본의 증가를 가져오거나 자산의 감소를 가져오는 회계적 거래이다.

(minor) 수술을 하고 있습니다.

서둘러서 편지를 보냅니다.

J. W. 놀런 올림

추신: 혹시 돈이 충분하면, 호스 지지대 한 쌍을 구해주십시오.

1906년 6월 28일
광주

친애하는 알렉산더 박사님,

박사님의 5월 12일 편지를 잘 받았습니다. 저는 저면 인슈어런스 은행에 있는 저의 계정에서 초과 인출이 있었다는 것을 인식하지 못했습니다. 셔츠에 대한 청구서를 받으면, 제가 곧 수표로 금액을 동봉하겠습니다. 저를 대신해 물건 구입해 달라고 한 것은 제가 잘못한 일이었습니다. 그렇지만 저의 잘못을 모른 척하시고 물건을 구입해주셔서 참 고맙습니다. 아마도 이곳 한국에서 짧게 머무르시는 동안 겪은 것들 때문에 박사님께서는 우리 선교사들이 때때로 처하게 되는 아주 특이한 곤경을 이해하시리라 생각합니다.

연례회의가 이곳 광주선교지부에서 열렸습니다. 테이트 씨 부부, 전킨 부인, 포사이드,[6] 스트래퍼 양이 불참했습니다. 특별히 중요한 것은 다뤄지지 않았습니다. 보고서는 곧 준비될 것이고 준비되는 대로 한 부 보내드리겠습니다.

저는 이곳에 죄가 있다고 생각합니다. 일본인들은 이곳의 시골 사람들을 거칠게 다루고 있으며, 사람들은 '소극적 저항'으로 보

---

6 원문의 WHS는 포사이드(Wylie Hamilton Forsythe) 이름의 약자로, 한국식 이름은 보위렴(保衛廉)이다. 1905년에 주막에서 괴한의 습격을 받은 상처를 치료하기 위해 2년 동안 미국에 머물면서 한국선교에 관해 여러 차례 강연하고 많은 관심과 지원을 받아냈다.

복을 하는데, 그들의 아이들을 모든 학교에서 데리고 나온다든지, 현재 상황에 어떠한 영향이라도 끼치기 위해 일을 잠시 중단한다든지 하는 것입니다. 이것 때문에 그들은 어떤 외국인이건 회의적으로 바라보는 편협한 생각을 갖게 됩니다. 그들은 클로르포름이 위험하며, 비록 환자가 수술에서 회복되더라도 5년 이상을 살 수 없다는 헛소문을 열심히 퍼트리고 있습니다. 실제로 저는 단 한 건의 [의료] 사고도 낸 적 없고, 사실이 소문을 이길 것이라고 믿고 있습니다. 이곳으로 나올 때 제 일이 가벼울 것이라고는 기대하지 않았습니다. 그런데 제가 대중들에게 그 소문이 잘못되었다는 것을 증명해낼 수만 있다면, 사역을 크게 한 걸음 내딛게 만든 것이라고 느낄 것 같습니다. 한국인 의사들은 모두 너무도 심한 거짓말쟁이들이라 사람들은 모든 의사들이 다 거짓말쟁이일 것이라 생각합니다. 그러나 사역의 다른 분야에서와 마찬가지로 여기에서도, 지난 날의 오명은 다 씻어내야 합니다. 괴롭힘 당하는 어려움에 맞서기 위해 모래주머니에 모래를 조금 더 넣습니다. 저는 매우 바쁘며 이런 시기에는 더욱 그렇습니다.

J. W. 놀런 올림

1906년 6월 30일
광주

친애하는 박사님,

스트래퍼 양이 켄터키 루이스빌 보니캐슬에 있는 그녀의 아버지 조지 스트래퍼 시니어(George Straffer Sr.)씨 댁에 있습니다. 박사님께서 루이스빌에 계실 때 시간이 있으시면 그녀에게 전화를 걸어봐도 좋을 것 같습니다. 제가 편지에 쓰는 것보다 사역에 대해서 더 많은 이야기를 들을 수 있을 것입니다.

J. W. 놀런 올림

1906년 7월 7일
광주

친애하는 박사님,

현재 상황 때문에 바쁘게 움직이고 있습니다. 일본인들 사이에서 콜레라와 장티푸스 환자가 몇 명 발생해 정신이 없습니다. 마취와 관련해서 떠도는 소문에 대해서 지난 번 편지에서 말씀드렸었지요. 저는 여러 지역을 다니며 수많은 언청이 환자를 모아서 교정 수술을 했습니다. 수술 받은 사람들은 시장에서 떠도는 지독한 거짓말을 반박하고 있습니다. 그런데 신경 쓸 것이 또 있습니다. 사람들은 제가 부자가 되고 있으며 제가 한 일에 대해서 엄청난 돈을 청구하며 돈을 모은다고 합니다. 이런 일 때문이었던 것 같아요. 제게는 받은 돈을 매일 매일 모아두는 위에 구멍이 난 상자가 하나 있습니다. 어느 날 토요일 오후에 저는 그 돈을 통에서 꺼내서 줄에다 꿰어[7] 집으로 가져갔습니다. 어떤 사람이 그 모습을 보고는 그게 하룻동안 다 번 것이라고 생각하고는 사방팔방 소문을 낸 것입니다. 이곳 사람들은 너무 편협하고 바보스러워서 그들을 더 좋게 만들려는 것은 무엇이건 간에 심하게 반대합니다. 그런데 어떤 일본인이라도 지팡이로 쓰러뜨리면 그 사람이 마치 군주나 되는 것처럼 그 앞에 무릎을 꿇습니다.

---

7 상평통보 같은 동전 가운데에 구멍이 뚫려있어서, 끈으로 꿰매어 가지고 다녔다.

저는 일본인들이 이곳에 새로운 정부를 세우고자 한 노력에 더욱더 공감을 합니다. 한국인들은 정말 게으르고, 생기가 없고, 몰상식해서 자치(self government)를 한다면 촌극이 벌어질 것입니다. 이 나라의 모든 곳과 정치의 모든 부분이 썩어 있습니다. 몇 세기에 걸친 지방의 부패(rural putrefaction) 때문에 그들은 국가 통치를 다른 힘 있는 나라에게 의존할 수밖에 없게 되었습니다. 그저께 저는 전문 사역에 18시간을 쏟았습니다. 어학을 공부할 시간이 없었습니다.

오늘 박사님의 어머니로부터 편지를 받았습니다. 아주 친근하며 친밀한 편지라서 기분이 아주 좋았습니다.

프라이스[8] 씨가 저를 속이려 했습니다. 제가 대답하기를 원했다면, 그를 1달러에서 70센트를 빼면 30센트가 남는 방정식처럼 만들 수 있었습니다. 박사님께서 『컨트리 *Standard Country*』를 한 권 보내줄 수 있다면, 제 기사는 동봉된 기사를 보십시오. 이곳 날씨는 덥습니다. 저는 하루에 2~5번 시내로 걸어서 갑니다. (편도 1마일입니다.) 좋은 운동이 됩니다.

요전 날 밤에 저는 왕진을 요청받았습니다. 서두르다 양말을 신지 안은 채 고무장화를 신었습니다. 환자에게 도착하기 전에 저의 발에서 살갗이 많이 떨어져 나가서, 저는 한국식 신발을 신기로 결정했습니다. 그런데 제 고무장화보다 더 상태가 좋지 않은 것이었습니다. 제가 집으로 돌아왔을 때는 모기가 물려고 해도 (더 이

---

8 프라이스(H. B. Price) 목사는 일본 고베 선교부 소속이다.

상) 물 수 있는 피부가 한 점도 남아 있지 않았습니다.

저는 한센병을 잘 다루고 있습니다. K. J와 태풍수[9] 기름으로 환자 몇 명을 치료했습니다. 한 소년이 황소에게 복부를 찔렸습니다. 진료소에 왔는데 상처에 (내장을 제거한) 닭을 붙이고 왔습니다. 저는 3년 간이나 탈구되어 있던 팔꿈치를 치료했는데 그 치료에 한 시간이 걸렸습니다.

불이 이곳을 떠나 군산으로 갔습니다. 그는 자신의 사진을 가지고 있었어요. 그래서 약간의 '광선 시간'을 가지고 다시 문명으로 돌아간 자신을 상상하는 것은 꽤 괜찮았습니다. 너무 건조합니다. 너무 건조해서 끼익 거립니다. 이런 단조로움을 벗어나기 위해 '지진이라도 났으면' 하는 생각도 가끔 합니다. 학습문답을 하던 중 한 소년이 '한국의 황제가 세상을 만들었다'고 대답을 했습니다. 그 대답을 어찌나 강조하며 단호하게 말하던지, 만약 그것이 아니라는 것에 대해서 제가 좋은 반증을 가지고 있지 않았었다면 그 소년의 말에 반박하는 것을 망설였을 지도 모릅니다.

박사님의 부인과 어머님께도 안부를 전해주십시오.

J. W. 놀런 올림

---

9 영어 원문은 Chaulmoogra인데, 찰무그라는 인도 남부의 칸나다어로 부르는 이름이다. 대풍자라고도 불리는 이 나무의 씨에서 추출한 찰무그라 오일은 인도와 중국 전통 의학에서 한센병 치료에 널리 사용되었다. 항생제가 보편화될 때까지는 서양 의학에서도 다양한 피부 질환과 한센병 치료에 사용하였다.

1906년 7월 17일
광주

미국 켄터키 스프링 스테이션, A. J. A. 알렉산더 선생님

친애하는 선생님,

제가 최근 마지막으로 편지드릴 때보다 훨씬 상서로운 약속과 더불어 모든 일들이 평상시처럼 진행되고 있습니다. 진료소에서의 증가가 명확히 보여주듯, 떠돌아다니던 사악한 소문들이 점점 더 약화되더니 빠른 속도로 독성을 잃고 있습니다. 저에 대한 비겁한 비난을 정면으로 마주했고, 저의 사역에 상처를 주려는 어떤 시도도 다 무용지물이라는 점을 저의 뒤에 객관적 사실을 보여주며 증명했습니다. 이 기회를 얻어 저는 저의 진료소가 발견할 수 있고 생각할 수 있는 선한 것에 대해서 언급하고자 합니다.

어제 저는 도지사가 보낸 두 명의 관리와 전라도에서 가장 부자인 사람을 환자로 맞았습니다. 부자인 이 사람은 구취가 심했고 얼굴이 아주 흉측하게 일그러졌는데, 약간의 코카인을 쓰자 그의 자세를 이루는 구성 원자들이 변화되었고, 그는 마음에 드는 감사하는 환자가 되었습니다.

아주 흥미로운 사례가 있었습니다. 눈꺼풀 안쪽이 말려서 [ ]으로부터 눈물이 흘렀습니다. 눈꺼풀 안쪽은 국소 조치를 하자 약간 [ ]되었습니다. 저는 타원형 부분의 [ ]를 하자고 제안했습니다. 저

는 어제 누관에 수술을 했는데 결과는 기적 같았습니다. 안과 밖이 멀어있는 것과 같았습니다. [　]가 안쪽 눈먼 곳으로 들어가서는, 아주 큰 [　]를 만들었습니다. 염화물을 5갤런이나 사용해서 [　]을 씻어냈습니다. 그는 너무나 만족하여서 나를 볼 때 엎드려 절을 하려고 합니다.

총상을 입은 나이 든 환자는 지금 신자가 되었고 교회에 규칙적으로 출석합니다. 그는 총상을 입어 오른쪽 이두박근이 두 동강 났습니다.

저는 여전히 베를린이나 런던에서 의대 졸업생 후 과정을 연수하는 것에 마음을 두고 있습니다. 전문 기술을 얼마나 가지고 있느냐가 [　]할 것입니다. 의사가 실력이 있느냐 결함이 있느냐에 따라 비례하는 사역의 단계입니다. 어떤 상황이나 어떤 희생을 치르더라도 이 과정을 들어야만 한다고 느낍니다.

현대 과학이 제공할 수 있는 최선을 저의 환자들에게 주지 않으며 제가 한 일에 대한 축복을 믿는 것이 더 많고 더 좋은 것이라는 것을 의식하고 싶습니다. 이 나라에서의 진료소에서 많은 것들이 거절당하는데 다른 수단이 있다면 치료할 수 있습니다.

저의 환자들을 돌보는데 모든 자원을 철저히 사용했다는 것을 알 수 없으면 저는 만족감을 느끼지 않습니다. 신의 축복이 할 수 있는 최선이 아닐 때 신의 축복을 요구하는 것은 뻔뻔합니다. 제가 외국에 다녀오는 것은 의무라고 느낍니다. 저의 진료소를 짓고 있습니다. 동봉한 도면을 보시기 바랍니다.

고베의 프라이스 목사님이 안식년 휴가에서 돌아온 직후 도쿄

에 있습니다. 스트래퍼 선교사는 지금 루이지애나에 있습니다. 이
곳에서 특별히 흥미로운 일은 없습니다.

J. W. 놀런 올림

1906년 7월 30일
광주

친애하는 박사님,

두 가지의 아주 좋은 경험을 했기에 박사님께 말씀드립니다. 한 살 짜리 어린 여자아이가 밤에 모깃불 속으로 떨어져서 오른 쪽의 피부가 전부 타버렸습니다. 제가 담낭을 성공적으로 수술한 적이 있는 그 마을 사람의 추천으로 사람들이 그 아이를 다음날 제게 데리고 왔습니다. 유액을 묻힌 커다란 헝겊 조각들이 옆에 주렁주렁 달려 있었고, 피부가 [그 헝겊으로] 덮일 때에 유액과 재, 그리고 흙이 섞여버려 단단히 덩어리져 있었습니다. 그 아이는 괜찮았는데 4일째가 되자 혈관운동장애, 호흡 및 심장 정지 증상이 나타나, 제게 긴급 호출이 왔습니다. 저는 인공호흡을 시작하였고, 위스키와 마지막 물 주머니, 그리고 바닥에 기대 함께 밤을 지샜습니다. 아이는 지금 괜찮고, 계속 살 것입니다. 그 아이를 보러 가면, 아이는 제 쪽을 보고 누워서 통통한 작은 손을 뻗으며 예쁘게 미소 짓습니다. 그 아이가 보이는 미소와 저에 대한 믿음은 제가 이곳으로 온 것에 대한 충분한 보상입니다. "가장 작은 자에게 한 것이 나에게 하는 것이다." 그렇지만 제가 상처 소독을 할 때는 아이가 고통스러워합니다. 아이가 저에 대한 믿음을 갖고 저를 쳐다보는데, 기쁘기도 하면서 안쓰럽기도 합니다. 다른 아이는 복부에 화상을 입었습니다. 그 아이와도 같은 경험을 하고 있습니다.

치료했던 두 아이의 가족들 특히 첫 번째 아이의 가족이 하나님을 믿었으면 합니다. 그 가족들은 아주 가난합니다. 저는 그 아이와 가까이 있기 위해 그들을 먹여주고 있는데, 그들은 이미 하나가 되었다고 생각합니다. 거의 죽어가던 그 아이를 치료하고 있었을 때, 저는 주님과 제가 함께 일하고 있다고 느꼈습니다. 주님은 조언자로 "포기하지 말라"고 충고해주셨으며, 주님의 은혜로 그 아이는 살았습니다.

날씨가 덥습니다. 그늘에 있어도 화씨 98도와 100도[10]입니다. 2주간 비가 오지 않았습니다. 한국인들은 벼농사를 망치지 않을런지 걱정합니다. 다른 작물들은 괜찮아 보입니다. 일본의 찰리 로간이 벨 씨를 방문하기 위해 이번 여름 이곳에 올 것입니다. 오웬 의사와 프레스톤은 지금 시골 지역에서 문답을 진행하고 있습니다.

다소 피곤합니다만, 여가가 허용된다 할지라도 그게 휴식이 되지는 못할 것 같습니다.

평안하십시오.

J. W. 놀런 올림

시트(sheets)와 다른 것들이 아직 오지 않았습니다.

---

10 섭씨 약 37.8도이다.

1906년 10월 10일
한국, 광주

미국 켄터키 스프링 스테이션, A. J. A. 알렉산더 박사님

친애하는 박사님,

서울에서 열린 공의회에 다녀오고 1주일이 됩니다. 이곳으로 되돌아온 후 4개의 중대한 수술과 서너 개의 작은 수술을 했습니다. 진료소는 가득하고 환자의 수는 평균 45명입니다. 주일 밤을 밝히는 마을에 대한 설교도 했습니다.

공의회와 부속 행사들은 대단했습니다. 성서위원회에서 우리는 뉴욕의 하워드 A. 존스턴 박사를 모셨습니다. 이후 캔들러 감독이 와서, 날카로운 영혼을 가진 인간들에게, 격려의 메시지를 전했습니다. 올라가기 전 저는 하루도 쉬지 못한 채 1년을 버텨왔고, 또 상황이 매우 단조로웠기 때문에 매우 침울해 있었습니다. 저는 축복을 보았고 활기를 되찾았습니다. 현지인에 대한 사랑이 더 많아지고, 일에 대한 열정이 더 커지고, 정신적으로 상쾌해졌음을 느낍니다. 만약 존스턴 박사님 같은 분이 매년 우리를 방문한다면, 좋은 투자일 것입니다. 저는 이곳에 있는 4개의 장로회 선교부가 벌인 사역의 발전을 보여주는 표를 『옵저버 *Observer*』에 보냈으며, 선생님도 곧 보실 것입니다. 모든 곳에서 우리는 고무적인 보고 내용을 듣습니다. 성령께서 이 사람들 마음 속을 꼭 잡고 계시며 그 사람들

을 빛으로 돌아오게 만들고 있습니다. 박사님도 아마 윤치호를 아실 것입니다. 그는 여러 해 동안 왕실의 관료였습니다. 그는 지금 송도에서 학교 사역을 하며[11] 설교하고, 다른 일은 하지 않습니다. 프리스코(Frisco) 사건이 있었을 때 국왕은 그곳의 한국인들을 원조하기 위해 5천 엔을 보냈습니다. 에비슨이 그 돈을 보냈습니다. 그곳에서의 모든 필요를 충족한 후에 약 2천 5백 엔이 남아있습니다. 그는 하와이에 있는 한국인들을 위해서 교회를 세우라며 그 돈을 보냈습니다. 이 불쌍한 사람들은 상심하여 있으며, 우리는 상심한 사람들을 세우도록 부름을 받았습니다. 그들은 일본사람들에 의해 경멸당하고, 학대받고, 약탈당하고, 쫓겨납니다. 저는 만군의 하나님께서 결국에는 한국인들을 일으켜 세우시고 그들의 약함과 무기력함을 이용하여 이 세상의 강한 나라를 당혹스럽게 하실 것을 믿습니다. 아마도 동료들은 상처를 따라 매우 천천히 걸어왔을 것입니다. 저는 그 걸음이 너무 느렸다고 생각합니다. 저는 한센병 환자 몇 명을 치료했는데, 이제 그들이 제 진료실로 구름같이 몰려들고 있습니다. 그런 환자들을 위해 제게 무엇인가를 하려고 시도하는 것이 저의 의무라고 느낍니다만, 제가 이래도 되는지 걱정되기 시작했습니다. 박사님이라면 어떻게 하시겠습니까?

---

11 윤치호가 미국 에모리대학을 1893년에 졸업하고 귀국하여 갑오개혁(1894)부터 여러 관직을 거쳤는데, 1905년 을사조약이 강제로 체결되자 벼슬에서 물러났다. 1906년 10월 3일 미국 남감리교 선교회의 후원을 받아 1906년 개성(開城)에 한영서원(韓英書院)을 설립하고 원장으로 부임하였다. 특히 실업교육을 강조하였다. 한영서원은 1917년 제1차 「조선교육령」에 의거해 조선총독부로부터 고등보통학교로 인가받으면서 교명을 송도고등보통학교로 변경하였다.

이 편지에 저의 진료소의 한 구석을 담은 사진과 언급한 표를 동봉합니다.

포사이드로부터 좋은 편지를 한 통 받았습니다. 그는 물건을 옮기고 있는 것 같습니다. 그는 정말 헌신적인 사람이라 그렇게 하지 않을 수가 없을 것입니다. 제가 너무 바쁘다보니 제 편지가 두서가 좀 없을 듯 합니다.

J. W. 놀런 올림

1906년 11월 23일
광주

친애하는 알렉산더 박사님,

　지난 며칠 동안 제가 줄곧 몸이 안 좋았지만, 이제 괜찮아져서 제가 계속 존재하고 있음을 박사님께 알려 드립니다. 최근에 불과 저는 함께 3일간의 사냥과 순회 전도를 떠났습니다. 우리는 뛰어난 솜씨로 괜찮은 사슴 한 마리와 많은 오리, 비둘기, 꿩을 잡았습니다. 박제하거나 혹은 모자 장식에 사용할 수 있도록 큰 장끼 한 마리의 껍질을 벗겨 알렉산더 양에게 보냈습니다. 밖에 나가 있는 동안 몇 번 설교했는데, 제 입이 마구 재잘거려 놀랐습니다. 한국어를 말하는 것이 마치 생굴을 먹는 것처럼 쉬워지고 있습니다.

　제가 불의 사역지에 간 것은 처음이었습니다. 훌륭한 기독교인들이 그곳에 많이 살고 있었습니다. 그 지역 대부분의 교회 건물은 좋았고 편안했습니다. 아주 좋은 기운이 신자들 가운데 퍼져있는 것이 분명했습니다. 많은 사람들이 치료받으러 왔으며 많은 어려움이 발생해, 저는 의사도 피곤해지며 휴식이 필요하고 항상 의료용품을 지니고 다닐 수 없다는 것을 사람들에게 이해시켰습니다. 한 남자에게는 내가 가지고 있는 유일한 도구는 총이며 그가 그 장점을 기꺼이 나열한다면 나는 그를 치료하려고 노력할 것이라고 말했습니다. 몇 분 동안 고민해본 다음 그는 죽은 후 부검하는 것보다 아픈 몸으로 있는 것이 더 낫겠다고 결정했으며, 의사가 항상 약을 지니고 다니지 않으면 잘못이라고 덧붙였습니다. 넓적다리를 절단할 수술용 칼이 없었기 때문에 저는 지난번 넓적다리 절단을 성공하지 못했습니다. 잦은 절단으로 인해 견딜 수 없을 정도의 충격이 발생했습니다. 체스터에게 편지해서 몇 몇의 장비를 가져야 하며, "달러"를 채굴해야 한다고 말했습니다. 저는 장비가 없어서 많은 어려움을 겪고 있습니다만, 그런 어려움이 사라질 것이라고 묵묵히 생각했습니다.

이곳에 있은 지 1년 동안 진료소에서 7천 5백 건을, 진료소 밖에서 약 500건을 진료했습니다. 제가 전에 진료했던 사람들 중 몇몇이 교회에 출석합니다. 12월이면 저는 새로운 장소에 있을 것입니다. 그 이후에 저는 더 많은 사역과 더 좋은 사역을 하기 원합니다. 이러한 오래된 먼지, 고름, 오물, 이가 날마다 음산해지는 규칙성으로 반복됩니다. 한 사람의 귀에서 몇 십억 년은 된 귀지를 꺼냈고, 아이의 눈에 한 주간이나 있었던 파리를 제거했습니다. 숲 속 뱀은 북극곰만큼 크고 그보다 더 사납습니다. 이 사람들의 내부는 상상할 수 있는 모든 야생동물이 서식하는 일반 동물원입니다. 저는 지네, 보아뱀, 고슴도치가 감홍 1도스를 따라오는 것을 봐도 놀라지 않을 것입니다.

주님 안에서 형제

J. W. 놀런 올림

1907년

1907년 1월 27일
한국, 광주

친애하는 알렉산더 선생님,

제가 목포에 있는 동안 7일간 소변을 보지 못했던 노인을 날마다 진료한 적이 있는데, 그분은 좋아졌고 지금 신자입니다. 저는 그분을 진료하러 가던 중에 선생님의 최근 편지를 받았습니다.

포사이드 선생님이 아주 많은 관심을 불러일으키는 데 사용되었으며, 그분의 활동으로 자원자가 늘었다는 것이 기쁩니다. 카메론 존슨(Cameron Johnson)도 강의와 사진을 통해 좋은 일을 하고 있다는 소식을 들었습니다. 선교회에 기부하는 것은 우리 나라에서 부의 물질적인 양에 비례하는 것은 아니었습니다. 번영은 매우 위험하며, 우리나라의 미래에 관련하여 상당한 경고음을 울립니다.

한센병환자들을 위한 집은 좋은 생각입니다만, 이 나라에 이런 집들이 많지 않으면 이런 집은 집이 위치한 동네에 큰 위협이 될 것입니다. 도처에서 한센병환자들을 끌어모을 것이기 때문입니다. 먼저 분리하는 시도가 있어야합니다. 사람들에게서 한센병환자를 위한 집에 대한 공포를 덜어내는 뭔가를 먼저 해야합니다.

제가 가진 치료법이 제대로 실행되기만 하면 결과적으로 큰 혜택이 될 것이며, 더 많은 확률로 치료할 수 있을 것입니다. 선생님과 포사이드 의료선교사가 그 큰일을 할 힘을 갖추는데 성공하기 바랍니다. 루이지애나 한센촌 관리자들에게 편지를 하셔서 그분들의 결과와 어떤 방법을 썼는지 알아봐주십시오.

사역은 아주 빠른 속도로 진행되며, 모든 면에서 관심이 올라가고 있습니다. 사회적으로 높은 신분의 사람들이 들어오기 시작합니다. 다르게 말하자면, 이 나라의 지식인들이 성령에 의해 요동하고 있습니다. 종군 기자인 멕켄지라는 분이 중국에 있는 선교회들에 대해 『옵저버Observer』에 쓴 좋은 글을 보내드리겠습니다.

[ ]을 보십시오. 좋습니다. 제 조수 중 가장 나이 든 이가 지금 간단한 수술 등 중의 몇 가지를 혼자서 하고 있습니다.

시카고의 무디 성경학교(Moody Bible Institute)에 있는 저의 누이가 한국으로 오기로 결정했습니다.

남자들이 신자들의 교육을 위해 사역지의 전략적인 곳들에서 일련의 성경학교와 부흥회를 열고 있습니다. 가르칠 것이 너무도 많기에, 현재 우리 병력으로는 선구자적인 일이 불가능합니다.

불 목사님 부부가 아이 한 명을 더 낳았습니다. 맥커첸 목사의 약혼 소식을 들으셨을 것입니다. 서울에 있는 무어 목사님이 별세하셨습니다. 서울에 있는 YMCA에 전문 간사가 있는 공업부가 추가되었습니다.

내쉬빌의 위원회에 편지를 하여 저에게 3월 25일부터 시작해서

1907년 4월 1일까지 1년간의 휴가를 요청했습니다. 개인적인 관심사와 사역을 위해서 이런 휴가를 얻는 것은 필수적입니다. 선생님께도 회신 편지를 이용하셔서 저에게 동의를 해주시기를 요청드립니다. 현재 상태에서 사역지에서 제가 계속하려면 이것은 아주 필수적입니다. 제가 이런 휴가를 필요로 한다는 사실을 보면 휴가를 주는 것에 대한 이유가 됩니다.

회신 편지로 선생님의 동의를 써서 보내주시지 않겠습니까? 분명히 저는 선생님으로부터 3월 25일이나 그 전에 소식을 들었으면 좋겠습니다. 즉시 조치를 취해야합니다. 이 문제는 제게 굉장히 중요하기에 미루지 말아주셨으면 합니다.

최고의 좋은 일만이 있기를 기대합니다.
형제애를 다시 한번 확신하며
J. W. 놀런 올림

의사는 어떻게 자신의 길을 만들어 가는가

광주에서 진료소 문이 활짝 열린 첫날에 9명의 환자들이 저를 맞아주었습니다. 엡솜 솔트[1]와 같은 아주 무해한 치료제도 알려져 있지 않은 곳이기에, 이런 순조로운 시작은 저에게 많은 진정한 기쁨을 주었으며 미래에 대한 희망을 제가 갖도록 자극했습니다.

다음 2주일간 진료소에 오는 사람의 수는 들쑥날쑥했습니다. 진료소에 대한 전망이 있었지만, 이런 사역 부서를 회의적으로 바라보는 눈이 있다는 것과 제가 사람들의 신뢰를 받기 전에 많은 의심의 장벽들을 부숴야 한다는 것을 아는 것은 어렵지 않았습니다.

행복하게도, 초기에 찾아온 환자들의 대부분은 구체적인 치료

---

1 엡솜 솔트(Epsom Salt)는 황산과 마그네슘의 무기 화합물이어서 황산마그네슘 (magnesium sulfate)으로도 불린다. '솔트'라는 명칭 때문에 많은 사람들이 소금으로 생각하지만 실제로 염분은 포함되어 있지 않다. 15~16세기에 영국의 엡솜 (epsom)에서 발견되었고, 소금의 결정처럼 희게 보였기 때문에 엡솜 솔트라는 명칭이 붙었다.
엡솜 솔트의 맛은 매우 쓰고 맛이 없지만, 수백 년 동안 목욕용으로 변비, 불면증, 근육 통증을 완화하는 데 사용되어 왔다. 엡솜 솔트의 이러한 효능이 주목을 받아온 주된 이유는 미네랄 성분인 마그네슘 때문이다. 엡솜 솔트는 물에 용해되면 마그네슘과 황산염 이온을 방출하는데 이 입자가 피부를 통해 흡수되어 사람들이 마그네슘을 경구를 통해 섭취했을 때와 같은 효과를 낸다고 보기 때문이다. 미네랄 성분인 마그네슘은 체내에 흡수되면 온열 효과로 인해 몸을 따뜻하게 하며 땀을 통해 독소를 배출하게 해주며, 통증 완화, 수면 개선 효과도 있다고 알려져 있다. 오랫동안 민간요법에 많이 쓰였으며, 요즘도 많이 사용한다.

방법이 존재하던 증상이었습니다. 그렇지만 제가 의료 사역을 처음 하던 시절에 한국에 있는 의료선교사들의 노력을 힘들게 하는 영혼을 쥐어짜는 그런 경험들이 없었다는 것은 아닙니다. 약이 전혀 쓸모없다거나 무당이나 현지인 의사들이 그 약을 사용하지 말라고 했다는 주장과 함께 약을 1회 분량만 쓰고 가져온 경우가 있었습니다.

어느 때는 제가 처방해서 준 약들이 더러운 배설물과 섞이기도 했습니다. 그렇게 하면 약의 효과가 증가된다고 믿었던 것입니다. 만약 결과가 그 환자의 가장 좋은 기대치를 넘지 못하면, 환자들은 첫 치료의 많은 것이 후자 즉 더러운 배설물 덕분이라고 생각했으며, 저의 약은 빈번하게도 실패한다고 사람들은 믿었습니다. 이러한 몇 가지 사례들은 이 시설이 운영되어 온 6개월 내내 절망스럽게 규칙적으로 반복된 흥미로우면서도 힘든 사건들을 나타내는 지표로 역할하게 되었습니다.

이 사역에서 제가 기록할 수 있는 진보의 표식 중의 하나는 신뢰가 생겼다는 것입니다. 신뢰는 어디가 되었던 의료 사역에 있어서 가장 필요한 조건입니다. 진료소는 문을 연 6개월 동안 오후에 2,416명의 환자를 진료했고, 26건의 크고 작은 수술이 있었으며, 한국인 가정에 152번, 일본인 가정에 24번 왕진을 갔습니다. 그러는 동안 저의 조수도 많은 환자들을 치료했는데, 그 기록은 제가 가지고 있지 않습니다.

모든 진료에 앞서 예배를 드립니다. 예배에서 이 사역의 단 하나의 목표가 강조됩니다. 종종 유도되어 나오는 관심이 있는 질문

들을 보면 주님의 영광을 위한 열매를 맺을 씨앗이 심어지고 있다
는 믿음을 갖게 됩니다.

　환자 명부의 숫자와 상응하도록 여백에 숫자를 적어 놓은 전도
지들을 각 환자들에게 줍니다. 나주에 사는 어떤 여성은 처방을
다시 받고자 했습니다. 그렇지만 하인에게 그 전도지를 맡기는 것
을 원하지 않았습니다. 그래서 그 여성은 전도지가 그녀에게 너무
도 많은 위로를 주었기에 그 전도지를 보존하기를 원한다고 말하
면서 숫자가 적힌 여백을 찢어버렸습니다. 진료소에서 처음 진료
받은 환자는 성경을 샀으며, 겨울 성경학교에 다녔습니다. 이렇게
끊임없이 발생하는 사례들은 진료소가 적지 않은 중요성을 지닌
전도 기관이라는 추가적인 증거를 제공합니다.

　　　　　-『The Korea Mission Field』제2권 제8호(1906년 6월)

　　　　　　　　　　　　　　　　　　　　(송상훈 번역)

원문

1904

April 1, 1904
#6 Jefferson Terrace, Louisville, KY

Dr. Alexander,
Spring Station, Ky.

Dear Doctor,

You will recall that I indicated to you my interest in the matter of medical missionary to Corea, upon the occasion of your talk at the Hospital College recently. After deliberating more matur ely I have fully decided that I would serve in that capacity and would like to be advised as to the modus operandi. I assume that a formal application to the Presbyterian Missionary board would be necessary. Aside & apart from a substantial knowledge of medicine & surgery, what would be the requirements to be met? I will take my degree July 1st.

Kindly advise me fully so that I might be in line. Thanking you in advance for your cautery in the matter, I am.

Most Respectfully,

J. W. Nolan

April 21, 1904
#6 Jefferson Terrace, Louisville, KY

Dr. Alexander,

Spring Station, Ky.

Dear Sir,

Dr. Oh communicated to me the intelligence of your visit to the Hospital College, presumably to further confer with me relative to my going to Corea in the capacity of medical missionary. I very much regret that we were unable to see each other, but our inability to meet has in no wise lessened my indication to go out. Dr. Oh has repeatedly referred to the probability of my going, urging it, and the call to "come over in Macedonia" as pronounced in his earnest way certainly penetrates to a mellow spot.

In accordance with your advice, in your favor of the 2nd inst., I wrote Dr. Chester & he responded by dispatching application blanks, manual of laws, regulations, etc. Hoping that I'll have the pleasure of going over the matter, in detail, with you, in the not far distant future, I am.

Yours truly,

J. W. Nolan

June 1st, 1904
Louisville, KY

Dear Doctor,

In obedience to the instructions of Dr. Chester, I have executed, and returned to him the blanks of application, medical certificate, etc. It is just probable that I'll hear from him early next week.

Examinations are approaching and quite naturally, we are all on the quiver.

With kind regards, I am,

Very Truly Yours,

J. W. Nolan

June 8, 1904
Jefferson Terrace, Louisville, KY

Dr. A.J.A. Alexander

Spring Station, KY

My dear Doctor,

Your last letter came in due course of mail. There was something in it which made me forget the sacrifice that a missionary must make.

In conformity to Dr. Chester's request I appeared before the Board at Nashville yesterday. He indicated that the intention of the action was to afford me an opportunity of making the acquaintance of the Board ere going out. I found them most congenial and fatherly and the hearty and affable welcome with which I was greeted impressed me with the gravity of the responsibilities I am about to assume.

Mr. & Mrs. Bell were there. Owing to limited time I didn't have the conversation with him which I desired. He is all aglow with enthusiasm in the Korean work. A great number of inquiries were made concerning you and in communication therewith some very beautiful expressions pronounced.

When I "officially" appeared before the Board I found they're arranged around the large room in chairs. I at once wondered if the wind would be tempered to the shorn lamb. The picture which this dignified & learned body persecuted recalled, vividly, the picture my imagination painted of a Russian inmate engaged in most grave deliberations. However, but few questions were asked me and there were in relation to my education, religious training, experience in church work, etc. etc.

At length one gentleman suggested that I give them a synopsis of my life & in this they all concurred. No one ever had reason to envy me my forensic ability as a 'reckless [abandon]' upon the platform. But I realized that something must be said and I arose and began. It is very embarrassing to be compelled to take self as a text. I was sorry that I hadn't achieved greatness in that someone might have written my biography and that this body could have looked it over ere I appeared before them. But having a very short, & by no means a deep, subject I soon exhausted it & took my seat.

Well, while no decisive action was taken Dr. Chester intimated that the probability of my appointment almost accounted to a certainty.

I find that as the time for sailing approaches my enthusiasm grows apace.

Kind regards, I am very truly yours,

J. W. Nolan

June 16, 1904
#6 Jefferson Terrace, Louisville, KY

Dr. A.J.A. Alexander

Spring Station, KY

Dear Doctor,

I have your favor of the 9th. It will be necessary to qualify my answer to your question as to whether or not I'll be able to go with Mr. Bell. If I know for absolute certainty that the appointment would be made I could adjust matters so as to start about August 1st. Of course, as yet, I have no positive assurances. Within the last weeks, one of my Professors, the Dean, has offered me a proposition to locate with him. In view of this the Board will have to do something decisive very soon. My mind has been made up to go out & it will require something of no inconsiderable gravity to change it, however, exams will continue to the 25th. Because of this & your arrangements for the 1st of next month I fear I will be unable to accept your very courteous invitation to visit you.

Yes, I met both Mr. Moffett & Mr. Stuart. They talked of the Lookout Mt. function. If possible, I shall be there.

It seems to me that the Board would be able to advise me this week.

We are all as "busy as cranberry merchants"

Very Cordially,

J. W. Nolan

July 4, 1904
#6 Jefferson Terrace, Louisville, KY

Dr. A.J.A. Alexander

Spring Station, KY

My dear Doctor,

By the way, I received my degree, MD, and the Dean indicated to me that my grade was good. I wish now that I was in Korea doing something. Am very anxious to start. But my time has been so severely occupied this year that I believe I need a short vacation to recuperate & freshen me up for the work. Mr. Bell will be here tomorrow & we will go over the matter in detail.

Should you communicate to Dr. Chester you might indicate that I'd like to be informed of the action of the Board just as soon after their next meeting as will be convenient for him.

Do you think I'll be sent to Mokpo? I believe I prefer it. If I go to Mokpo will I need to purchase an equipment or will the one at KunSan be transferred?

With best regards,

J. W. Nolan

September 21, 1904
Seoul, Korea

Dear Brother,

After [staying] from August 31st until September 11th in Japan we sailed for Chemulpo, arriving there September 16th, catching the first train for Seoul.

We were met at the Station in Seoul by Mr. And Mrs. Bull, Mr. and Mrs. Junkin and Mrs. Reynolds and or in their hands received a most hearty welcome. Their warm handshakes, [___] and candid words of welcome further impressed upon us the joy of the great privilege of laboring for their in this harvest field.

We found the Council in session and its meetings most interesting and helpful. At it we met dozens of workers all of whom bade us a very cordial welcome to Korea. Amid are these expressions of fellowship and cheer how could we feel other than at home. I was very much interested in the council and heard with keen interest at Rev. Moffett, who is represented by the character ["Wills"] in Mr. Gale's new book on Korea "The Vanguard". I think you could read this book with relish. It is certainly interesting.

Sunday I heard my first Korean sermon, preached in the language. At first, I was all ears, listening quite eloquently but as the service advanced into the second hour it produced a somewhat somnolent effect upon me.

Our mission met Monday forenoon with the absence of but one member, Dr. Ingold, Mr. McCutchen was elected Chairman for the ensuing year, to succeed Mr. Junkin. By the way, just how I might mention that I delivered the book you sent by me to Mr. McCutchen and also the presents to the other parties, who appreciated them so much, and in trust me to thank you for so kindly remembering them.

I found Korea to be very much as I had pictured it and the brush used in painting this picture was dipped into the accounts of the field, written by the workers therein. I came expecting to find dirt reigning supreme, and must say that so far, I've not been arguably surprised. The writers on the subject of dirt may be criticized because they have not, in the least, done justice to the subject. There exists on every hand, save in instances too rare to be mentioned, a most reckless & daring disregard for filth, which abounds in all its varied manifestations.

Seoul, in one respect, is very much what an American city would be, were its sewers laid open, and with the accumulated refuse of the years of its existence living in the front yards. And existence of this awful filth is expressed to the mind through a medium other than sight. An unlimited variety of the most repulsive & sickening odors, possible to be imagined (if such a possibility exists) abound, sufficiently awful to obtrude decent olfaction for the remaining ages. But I must not burden you with a description of conditions you yourself have seen.

All the people here have made inquiries concerning you and a number of kindly references have been made to you in our meeting, and of which was in connection with the report from Kunsan station, relative to the "Alexander Wind-mill." The addition to bring a luxurious addition to the convenience of the people there, it serves also to attract crowds with opportunities to speak to them, thereby doing a double service.

This morning's meeting decided our assignments. Dr. and Mrs. Daniels temporarily at Kunsan; Dr. Forsythe at Chunju and myself temporarily at Mokpo, eventually moving to Quangju, 40 miles inland and the capital of a county. I had rather hoped to be sent to Kunsan should Forsythe go elsewhere, but am not disappointed. The people are considering the advisability of abandoning Mokpo altogether, [guard so soon] as soon as buildings could be erected at Qwangju. This question hasn't been taken up, officially yet, but will be discussed. Miss Straeffer seems to be the only opposition to the question of abandoning. An addition to the family of Rev. Preston occurred the latter part of Aug, but the little son is not expected to live. A condition appeared which necessitated the amputation of one leg. Dr. Avison gives us little from which to hope.

I think your outfit will be transferred to my station. Dr. Chester must have been laboring under an erroneous impression when he advised that there were [other] medical outfits on the field, not in use. It appears that Dr. Owen has little and the instruments left by Dr. Drew were few. However, I will have time to assemble these things, since the Mission prohibits clinics ere staying here for three months. I am somewhat impatient to get to my station to begin the language.

I was so confused by conflicting advices, before leaving the States, that I see I have overlooked a few things which should have been brought.

With reference to your books at Postal: We made a very brief stop on the U.S. side and the Customs agent wasn't there in his office, being busy on the train. I nearly had time to tell him the boxes contained books returning to the U.S., & requested him to forward them.

I hope to hear from you frequently.

With kindest regards, I remain Fraternally yours
J. W. Nolan

At the time we sailed, our bringing contraband was advised against. So I am without a gun. If you have made indefinite disposition of yours at Kunsan, I'd like to use it 'till I can get one.

Nov 30, 1904
Mokpo, Korea, Asia

Dear Doctor,

When I first came to Korea, I fancied I'd have time hanging heavily upon my hands and plenty of leisure for reading and writing, but the contrary obtains. After four hours struggling with an entity which has improperly been called a language, time for meals and necessary physical exercise, caring for the emergencies, etc. etc. I find that the margin of leisure is small, if at all. Again, often the day has slipped away and I reflect upon what has been accomplished. I can see that nothing, or best a very little has been done. This is not discouraging, however, since the veterans give like testimony. It seems, "always doing but nothing done."

The language is just about as difficult to understand as the natives. The fact is, both seem like an ignis fatuus or hobgoblin, floating easily about, now dim, now invisible and yet again plain as ABCs. When I was a boy I always wanted to try my pugilistic attainments upon boys larger than myself knowing that the inequality in size would impel him to exercise the "Monroe Doctrine' rather than retaliate, and this same spirit is actuating me in pounding this language, which seems like a linguistic deformity, or monstrosity, rather than a medium thru and by which that is to be spoken & written.

In your letter of October 19th, you refer to the assignments of the new recruits. Perhaps I did not make enough explanations relative to Daniels or Forsythe. You see Junkins were moved to Chunju and Harrison to Kunsan. If Forsythe had been placed in Kunsan, & Daniels in Chunju, from the beginning that would have put just one woman, Mrs. Bull, in Kunsan until the arrival of Mrs. and Miss Forsythe. The assignment of Forsythe and Daniel is temporary. Just as soon as Mrs. Forsythe arrives, Dr. Forsythe will be permanently stationed in Kunsan and Daniels in Chunju. Junkin was not reconsidered to the expediency of this change at the time I left Chunju, or which station I visited immediately after recovering from dysentery after the annual meeting.

Doctor, there are so many interesting things about the work here that if I should attempt to detail them, I fear you would be bored. In company with Dr. Owen, I spent one week in this country, in the Qwangju district, and the things I saw, relative to our work, are calculated to arouse the enthusiasm of the most pessimistic. On every hand Christians were in evidence. Sometimes they appeared along the way merely to greet us and welcome us in their midst. Sometimes it was to make inquiry as to when we are going to move to Qwangju. Then again it was with a wish to have us sing hymns for them and say something about the blessed gospel in which they believed and thru which they had the faith to believe they could be saved. It seems that every village had a "group" with a regular meeting place. Some few cases of "Sabbath breaking" were reported but these were few & far between. I returned to Mokpo alone, coming overland by pony. The second day of which trip I traveled 55 miles, reaching our compound at 11pm, amid the vociferous wailings of my leather-lunged marpu, who never missed an opportunity to do something most exasperating. When I first set out with him he opened up on me with a string of sentences uttered at the rate of 100 per seconds. He had me intellectually asleep & attributed my failure to understand to his uttering in a low key. He resolved to arouse me from this intellectual slumber and thereupon raised his voice just a few dozen octaves and began to utter speech as vehemently and awful as if Mt. Pelee had again begun to blade forth fire and lava. He bore another resemblance to this volcano, in that when he was once started it seemed that no human agent could stop him.

It was my privilege to spend a night in a native inn. This is an experience which will be green in my memory when my looks are grey and gait tottering. The reign of Morpheus was not as supreme as it might have been in the Waldorf Astoria, owing to the presence of various species of pestiferous sleep-destroying animals, each of which seemed anxious to demonstrate beyond any peradventure of a doubt the great vigor and energy with which it was possessed. One began operations by calmly, deliberately, and fearlessly walking from my head to my feet and then reawakened to the others that it was a short tramp. They dug holes in me unscared while its ritualistic waddled their head to the breeze. In some of these holes I placed bottle corks and in others I set "steel traps" hoping to snare the enemy as they emerged from their explorations. But they were wily and possessed all the strategy and cunning of tried veterans. My thots [sic] went back to Marc Bozzaris as he sat in his guarded tent unable to sleep because of entertaining thots [sic] of large things, while I trembled and writhed unable to sleep because of small things. But the old irish proverb "many a mickle makes a muckle" explains the difference between Bozzaris and I.

This trip was beneficial to me from my points of view. It enabled me to see our field or work and use that part of the language I had acquired and get a glimpse of experiences akin to that just related.

As to outfits, I bought a pretty fair stock of drugs and a few instruments were leaving us. At Kunsan I found several instruments of Drew's and Hedges, which Forsyth, Daniel and I divided away ourselves. So I am fully equipped.

Rev. Earle has arrived. He stopped off with us a week by are going to Kunsan to which station he is assigned. In him we have a man spiritually strong and who will be a work valuable acquisition to the work. He is very favorably impressed with the country and its people.

When you see Oh pass my best regards. My teacher is very much like him, both in manner, speech and stature. I feel that I want to write more but I fear it will be burden you to decipher it. All the members of the station send you hearty greetings and wish for a Merry Xmas. You occupy a place in the hearts of our missionaries. Wishing you a Merry Christmas and wish prayerful remembrance, I remain

Very cordially,

J. W. Nolan

1905

January 3rd. 1905
Mokpo, Korea, Asia

Dr. A.J.A. Alexander,
Spring Station, Ky

Dear Doctor,

For once our lazy aristocrats are a step ahead of you.

We have just received intelligence of the fall of Port Arthur and you progressive Westerners will be in ignorance of it for at most a few hours yet.

Lanterns, flags and fantastic arrangements of rice straw and ferns are everywhere to be seen. A high trumpet arch of pine branches & holly is in process of construction in front of the Japanese post office. I was informed by a Jap friend that all business would suspend activity tomorrow in order to more ostentatiously observe the celebration of an event of such profound gravity in the progress of this awful war. The new year is an occasion as at which time they allow business to slacken to indulge in drunkenness and kindred evil and I assume the fall of Port Arthur convey of this time will give thus revelry a great impetus.

Just this p.m. Miss Straffer & Mrs. Wiley were doing some shopping in the "the settlement", and while looking at some photographs in front of a photographer's house, two drunken Japanese marines came up and made merry, taking Miss Straeffer by the hand. She told them to "Ka" (go - low talk) & they repeated the word in a [more] ironical fashion. By this time their maneuvers attracted the attention of a Jap. across the street & he came across & dispersed them. If either Mr. Preston or I had been present, it would have been up to us to have resented the insult & we have just been debating as to how we would have come out. Owing to the clannishness of it Japs, it would have been likely that they would have double teamed on us & mopped up Korean with us. But it is a pleasant feeling to be whipped in defense of a lady or principle.

Mrs. Bull & Dr. Owen have moved into their temporary residences at Qwangju. I am just in receipt of a letter from Mr. Bell stating that their going was without untoward incident & that they had been favorably received. "Kugyunguer" were as numberless as sands on the seashore. Mrs. Bell's piano (the Heaven praising thing, in Korean) was the center of attraction. Mr. Bell opened it first & allowed five men to go up at once to see the mechanism. The outlook of Qwangju is most auspicious.

After the Owens left Miss Straeffer moved into the Owen's house and I into the Straeffer's cottage. I am fairly well fixed up in it and "happy as a coon" I am receiving calls now & answer them by establishing my clumsy Korean tongue. They all insist that I am a weewon of great [chago] and find many things to compliment. The fact is, the typical Korean gentlemen is 1/2 compliments and of other 3/3 deception.

I am doing very nicely in my medical work. I have no need for an interpreter. I am much grateful to see some of my patients coming into church and a few have told me that they "have a mind" to believe. As I advance in my very work the more I am convinced of the necessity of these people's cleaning themselves up. Actually, men have come to my dispensary with the vernix caseosa still on their heads. Just so long as they set on defiance cleanliness & hygiene just in proportion will the propagation of the gospel be thwarted.

Perhaps just like to do a little reading in Korean & I am sending you a tract "The road finding to salvation" Also a picture of Forsythe & I as we appeared going from Kunsan to Chunju.

Preston's & Miss Straffer send you greetings. Write as often as convenient. With [bright] smiles & prayerful remembrance.

I remain,

J. W. Nolan

See the picture [observe] [the] bridge in the [rear]. Perhaps you remember it was the longest bridge between Kunsan & Chunju & about as difficult to cross as climbing a lubricated pole. The architecture is taken from the back of a [mad cat].

January 26, 1905
Mokpo, Korea

Dr. A.J.A. Alexander,
Spring Station, Ky

My dear Doctor,

My plans were to have written you a week ago but at that time I was passing thro a most severe attack of the blues and was inclined toward the expediency of waiting a period. For a time, it seemed that the devil had almost full possession of me and for three days he labored mightily with me. I was sour, rough, gruff could see only the dark side, and that the Koreans [of] no consequences any way. Not 'till after hours and hours had been spent in prayers to the blessed Father did I feel the release of the grasp of the evil one. But the Lord was attentive to the voice of my supplication and delivered me.

Surely we come to know God better on the mission field than at home. There we feel more dependence upon Him and find ourselves before his throne more often. May the good day be hastened when men may see the futility of engaging in activities in their own strength. This expression we just passed thro. convinces me of the wisdom of specific prayers. I verily believe our faith & spiritual growth would be increased and that we would see more evidence that our prayers have reached the throne if we would deal in fewer generalities and be more specific. While it is hard to wrestle with temptation and spiritual emptiness at times, [get often] diligently waiting upon Him it is good to feel the refreshment of the power of the spirit which comes into the heart.

While thus afflicted I feel that I must pour my trouble into the ear of someone. My confidence in the sweeping goodness of Miss Straffer led me to confide in her and thru [sic] her sympathy and kind ministrations I received a blessing. Just here, confidentially, I actually believe a better half would add to a man's effectiveness and certainly to his enjoyment on the field. From this statement I don't mean that you should do any forecasting of events, but merely to appreciate in fact that it isn't good that man should dwell alone.

By the way, it wouldn't surprise you to receive an invitation to McCutchen's wedding most any time. While we were in Seoul he was most attentive to Miss Hounshell, of the Methodist Mission, and such attentions seemed to recruit that dignity & fatherly air of his. Just today Mr. Bull wrote us that he (Mc) had gone to Seoul on business. We are all hoping he will be successful in the transaction of his business affairs in Seoul and that our mission will be reinforced as early as possible. She is a most charming lady. When you write him you might incidentally mention that you've been dreaming about his future.

I am enclosing a picture of members of our mission. It was made after Forsythe arrived in Seoul. I have just heard from him & he reports prayers in the language & in the work.

Soliciting your prayers for our work and ourselves, & with kindest wishes, I remain

Yours in the work.

J. W. Nolan

Mch 4, 1905
Mokpo, Korea Asia

Dr. A.J.A. Alexander

Spring Station, Ky

Dear Doctor,

Yours of Jan 12 just here. I was most glad to hear from you and your letter was the first invitation I had had of your plans for the spring. I am glad a young man's fancy turns that way. You are about to make a step into a life which is the ideal one beyond question, and one which are our newly married friends recommend and describe as strictly utopia. I am sorry you failed to mention the day & place, but [fancy] will be advised by friends here. I don't want to appear hasty, but I must, just now, offer my most hearty felicitations and bid you my sincere wishes for a happy life. I know you'll find a treasure in your acquisition and I pray that God may bless you both and make His spirit to rest mightily upon you while you are awaiting the summons to inherit the crown He has laid up for you. Since coming to the field I've felt, myself, that it isn't best for man to live alone and am inclined toward it expediency of following McCutchen's example and go gunning. Perhaps he hasn't mentioned his "health" to you. But he finds that Chunju air is detrimental to his health and production of a feeling of governess, which necessitates frequent visits to Seoul to recuperate. You have been in Seoul & of course, will concur with me in the belief & knowledge that it is instant in its salubrity and is capable of doing miraculous repairs of debilitated constitutions. Mc thoruly[sic] understands this, & appreciating the wisdom of caring for the physical man which he yet lives, he revels & waxes animated in the clogged atmosphere of Seoul. While there he incidentally sees much of a Miss Hounshell, of the Methodist Mission. Mc is such a bluestocking that I thought he'd more approach of proselytizing. If he comes out with flying colors, which we all think he will, he's to be congratulated. If a man picks up his better $\frac{2}{3}$ on the field he can be sure of the genuine article.

Mr. Earle is diving into the language & is too busy to eat, so he says, I imagine the language leaves a dark brown taste in his mouth which obtunds taste for food. It often produces just such an effect upon me. I grew very fond of him during his short stay with us and felt a little cross with Kunsan in gobbling him up. The rest people belong to Mokpo.

I am awfully happy just now. The Lord has seen fit to allow a strong work of grace among our people. We have just concluded with an earnest prayer and its effects are already visible. Enquirers are persecuting more frequently. Our brethren are enthusiastic. The leaders are instant to seize.

I am busy, busy, busy. If I don't write as often as you think I should please pardon me. Actually, we haven't time to look up. You'll see some articles in the Observer from Korea in the Mch. Missionary [number].

With prayerful remembrance, I remain

Yours in the work

J. W. Nolan

March 16, 1905
Mokpo, Korea

Dr. A.J.A. Alexander,

Spring Station, Ky

Dear Doctor,

I was delighted to get your good letter of Feb. 11.

At the time I wrote concerning the fall of Port Arthur I had forgotten that you Westerners hear Oriental news before it happens.

It takes some of the up-to-dateishness out of one, along with some of the [starch], to live in the slow East.

Night before last we were the recipients of news before which we recoiled.

It seems that Dr. Forsythe had gone 60-li (20 miles) from Chunju to dress the wounds of a yangban who had been stabbed & lacerated with knives by infuriated Koreans.

After completing his dressing he started to return to Chunju but as night was coming he decided to spend the night in a chumach (hotel). About 9 o'clock, 7 masked Koreans appeared and demanded "the soldier."

They were told that the foreigner was not a soldier but an American. Dr. Forsythe appeared then, & by his foreign dress & speech verified the explanation of the hotel people.

But they came with criminal intentions & prepared to execute them. They forthwith attacked Forsythe with buts of guns & with knives, large & small.

As he was unarmed his only resistance was in parrying the blows with his arms, which of course was feeble. He was cut in many places, head, body & arms, but one cut was of a serious nature.

It evidently was inflicted with a short sword, as it swept across his [forehead], cutting the ear in two and burying itself in the mastoid process, fully 3/4 of an inch. He evidently was further wounded with buts of guns, as the fountain pen in his overcoat pocket was to smashed into fragments.

He fell bleeding copiously, but a Korean Dr. came & stopped the bleeding with rotted cotton fibre. When Dr. Daniels & Mr. Junkin reached him he was in a semi conscious condition, weak from loss of blood and vomiting.

But Daniels, a profound master of surgery & medicine, heroically & most admirably rose to and met the emergency. He soon responded to stimulant & the vomiting ceased. A good pulse developed, consciousness was restored, wounds properly dressed and he was carried to Kunsan, at which place him is now.

At first they were apprehensive but latest advices are encouraging. We are all praying that God may spare him to us & the work & it seems that our prayers are heard.

The native Christians are very much aggrieved that he should meet such violence at the hands of their countrymen and are hopefully praying that the intentions of the assassins will be overruled by Providence.

It seems that a few Christians defended him but were overpowered. When the marauders had completed their treacherous & damnable deed, thinking that they had killed the most consecrated man who have come to Korea, they announced that they'd return the following night.

Chunju soldiers & police & Japanese police promptly responded to the demands of Dr. Allen & we believe the villains will soon be apprehended.

¥100 reward was offered to the apprehension of each of them.

He is receiving the best attention possible.

The nursing is not service for $3.00 a day but a service of love.

He has thoroughly enthroned himself in the hearts of all the people in the short time he has been in Korea.

I trust that the news will not repulse his mother & sister & that God will bear them up in His strong arms of love and comfort them.

If they are in Lex., call them up and assure them that he is doing well & receiving the most attention.

No, I am not living in the red brick house you referred to, but in the Korean cottage formerly occupied by Miss Straeffer.

It is to the left of the compound as approached from the settlement.

It is a small house with a bedroom, study, outeroom, & kitchen & store room, & ample for my use.

While it is small & sparsely furnished yet it is home for me & in it I spend many happy hours with the Koreans.

Yes, the picture of Forsythe & I was taken with the camera you gave me.

Not so bad for an amateur eh?

It is a great comfort to me.

Out here we appreciate such things as it never could at home, not long ago I received some calendars. Why, I prize them as much as a diamond stud at home.

Dr. Owen has some money for a hospitable, about $600.

It is small but constitutes a nucleus for assembling the necessary amount.

I am very anxious to have a hospital. Because of none, I've spent several anxious nights.

The people can be gotten in much closer touch within a hospital where the doctor can frequently see them & talk with them.

The Dr. here must do the rough pioneering work, or in other words, they blast down the hills & in preachers come along & lay the tracks.

We all hope you'll be successful in finding us some men.

Mokpo-Qwangju station needs a single lady as bad as a man.

Miss Straffer is doing a grand work but it would be so much easier for her to have another single lady a far better for the work.

I am most pleased to learn of your plans for the spring.

According to Tennyson, in the Spring the air is full of Cupids darts & not any young man is likely to stop one.

Much happiness is in store for you.

But I know when you get to Europe you'll not return to America without first coming to see our work in Korea.

It would be an ideal honeymoon to drop into Choson.

Mrs. Alexander would be much happier by reason of it.

I am almost at the point of expecting you.

With prayerful remembrance

I remain,

Yours in the work

J. W. Nolan

May 1, 1905
Mokpo

My dear Doctor,

I am just in receipt of your invitation to your wedding to occur in Kansas City the 26th ult.

I am real sorry (섭섭ᄒ오) that a gaping distance of 8000 miles has made it necessary to forgo the pleasure of attending this function, which is such an important event of your life.

I thank you heartily, for thinking of me in this [connection].

Ere this, I judge you are on your way to Europe, loaded down with the good wishes of myriads of admiring & dear friends.

Should this letter reach you ere starting, allow my hearty & best wishes to recruit those of your other friends.

You are now too happy to listen to any report of my work here but I will just say that God has already blessed the feeble efforts I have made and a few members have received baptism through the instrumentality of the medical work.

One man presented with eczema of the ear with such awful itching that he was frantic.

I disposed of my ability to benefit him, but the Master blessed the effort and he is now the most concerned man in our church.

Old boy, I firmly believe a great wave of religious awakening is about to [sweep] over this country.

Reports of the most encouraging character are coming in from all sides.

Congregations are so large in Chunju that the church is too small to held there.

At Mokpo they must stand outside and listen thru the windows.

We are all too busy to stop to tell you all the things which would delight you.

Although I am handicapped in an inadequate equipment for my work, yet I am using all the facilities I have to advance the Gospel thru the medical work.

My clinics are well attended & I wish I had 40 instead of only 24 hours a day.

I have gotten so I love the Koreans.

They are a firm people & God is going to raise this country mightily, in introducing Christianity to the other Orientals.

Dr. Daniels summoned me to Kunsan to consult with him as to the advisability of a plastic operation upon Forsyth, the Stephen of our mission.

I decided an operation was out of place since pus was discharging & I couldn't advise interference which would endanger it mastoid cells.

He is doing nicely.

The eare [sic] canal discharges pus but there is very little from behind the ear.

The scalp wounds have never healed and I think the reason is because there is same tropical disturbance.

He is gaining strength, color & elasticity of gait.

I brought he the Dr and Mrs Daniels back with me.

At this time Daniels is in the country with Preston on his 1st country trip.

Forsythe is a man of prayer.

It is an inspiration to be with him.

I never saw such unshaken faith.

He is somewhat depressed at this time because he hasn't received a letter from his mother.

It seems that her health is bad but pray that is it is nothing serious.

He is staying in my house & I am enjoying him immensely.

I must tell you that my house boy is developing into a 1st class medical assistant.

I send him out to look after irrigations of pus cavities & he does most all the dressing in the clinic.

He is now believing & studying the Bible.

Did you receive the Japanese vase I sent you?

Didn't know the address of your fiancé & hence had to send it to you.

It is a specimen of the famous Satsuma ware.

You've heard of the recruit at Kunsan, Mr. Bull's 11 lb. girl.

The others are expected within a few months more.

It seems that the question of recruits is to be solved by those already on the field.

Mokpo needs another single lady badly.

I consider this of prime & paramount importance.

Miss Straeffer will go on her vacation within 2 years & in that time a recruit will have gotten a working knowledge of the language.

Of course we need ministers but the need of a single women is of most pressing, in Mokpo.

I am delighted to hear of the big revival in Louisville & in Wales.

Don't you think that the world is on the eve of a great awakening?

I believe the Sprit is striving with men now as it never has done before.

There is nothing impossible with God and prayer will accomplish what armies can't.

Our station is in good health.

Miss Staeffer always has been weak but I am happy that she says she is stronger now than ever before in her whole life.

Prestons are going to China soon to visit Stuart and Moffett & to observe methods of work.

Again, I bid you very sincerest wish for your happy new life & that God's blessings may ever be upon you & yours.

Yours in the work & happy

J. W. Nolan

September 3, 1905
Mokpo

Dear Dr. Alexander,

I am pressed for time but I must communicate just a word.

Mokpo, today, presents a sorrowful appearance.

For 24 hours we were raked by a most furious storm, probably a typhoon.

The straw roofs were torn from their fastenings and carried away.

Anything which assayed to stand before the awful [current] [and] wind to infuriate it, with results proportional to its anger. Parts of glass were busted from the windows by the force of the wind.

Tiles were lifted from the roof as if they'd been so much cork.

Our ceilings came down with a greater or less absence of ceremony.

If you could have entered my room this morning you would have thot [sic] my ideas of mural decoration somewhat divorced from classical idea.

I had rugs nailed over the windows and tried to sleep under a large [given] bath tub.

The reason I attempted this novel performance was because I was afraid to try to make the trip to another home & I wanted to be protected from other falling ceiling.

Peace! I never appreciated the gravity of the term until calm was restored.

At first, I tried to stop the windows with towels & underwear but they were carried away.

I don't know where.

Perhaps you remember the dyke leading across the sand flat to our compound.

The [---es] were dashed against it with such demonical nature that a small vestige remains.

Mr. Preston is south on the islands holding [ ] [ammunitions].

Mr. and Mrs. Bell are here on their way to annual meeting.

Bell and I had a good time today.

Although it was inclement & muddy, we had a fine crowd at church. Bell preached in his characteristic forceful way & the interest was profound.

Coming from church tonight we met a man upon whom I had operated 4 months ago.

He was drunk and grabbed me and administered the "bear hug" when he realized he apologized for his condition and promised me to hereafter attend church regularly.

I have filled our church up with patients.

We are all grateful to God that he has rewarded our feeble efforts I feel the need of special knowledge and apparatus.

With kindest of regards to you and Mrs. Alexander

I am,

Sincerely yours.

J. W. Nolan

October 28, 1905
Mokpo, Korea

Dear Dr. Alexander,

It has been quite a season since I've heard from you & same time since I last wrote.

I believe I advised you of my trip to Chunju to see Mrs. Junkin, later being called back here by telegram to see the Prestons. From here I went to Annual meeting & Council in Seoul. I also got in am on the ragged edge of the Bible conference. You have no idea how much pleasure it was to once again hear a congregation of native countrymen. Staying down in the country here allows a species of vegetation courageously called moss to accumulate on our back & it's a relief to rub it off against the native people.

Of course you knew about Mokpo's being abandoned in favor of Kwangju. We are all packed up now, almost ready to go. Recent developments have proven to me that we are making a mistake. A wonderful work of grace has been going on among these people. Our church wont hold the crowds. They are coming in, but bringing the people into church doesn't end our responsibility - they must be taught. The Christians with tears in their eyes entreat us to stay. The poor things come to me & say "what will we do without a Dr." It just wrings my heart to think of leaving them. The Koreans are my friends & I love them. I will now be compelled to find friends among a more conservative people. Dr. recently I've received a blessing I must tell you about. For some time I've been thinking about God's love. The whole thing seems to hinge upon this. The Lord has just filled my heart with love of the Koreans & I rejoice. Pray for me often. Without the cooperation of prayer, we are handicapped.

My annual report will soon be published with the minutes of the A.M., at which time I'll forward you a copy.

Recently one whole family came into church here because I cured one of them of volvulus. They were so grateful that they said God must have been in it to send me to relieve of an hour of distress to relieve them. The man promises to be a leader.

From Seoul, I crossed the country to Wonsan, by bicycle, at which place I made a short visit to Rev. Gerdine & Dr. Ross. Let's pray for wonderful things the next year & expect them. I am going into a place where medical work never has been attempted and of course will have many things to thank me.

I trust both you & Mrs. Alexander are in good health & know you are most happy.

This letter will be unsatisfactory, but could you see my room, all torn up & things packed, you'd excuse even a worse one.

Write when you have opportunity.

Fraternally yours,

J. W. Nolan

December 26, 1905
Kwangju Korea, via Mokpo

Dear Doctor,

I am the happiest man in Korea & it's all the Lord's doing. He has answered my prayers and now my clinic occupies me from 10 am to sundown or bed time. And my treatments have brought the results, which are more an answer to prayer than skill. You know prayer is the strong thing. An operation without Lord's help must come to naught. Recently I've attempted some big surgery & today I resealed a portion of a lower jaw successful tieing [sic] of the jugulars & a carotid. Don't give me any credit for the great success in the medical work here. I've prayed for it, had the Koreans to pray for it & the members of our station. It's the Lord's doing. With prayer we can accomplish all things. I am just so happy I can't but shout. What a glorious thing it is to be close to God & feel the presence. With love for the heathen and prayer in our hearts, we can soon rout the forces of wickedness & sin. I am poorly equipped & you'd laugh to all my lay out for the Lord's with me & I fear no mistake. Tomorrow I am going to operate on a case of posterior symblepharon. Lots of eye & ear trouble here & I've wished I had some special work in this line. If I had the money I'd go to Berlin & study up on ear & eye. I think by going 3rd class & being a missionary I can do it for very little. There is so much ear & eye trouble I feel that I must do it

& get some special study & apparatus. Don't you advise it? If I had the funds I'd go in the early summer when work is slack. Dr. Avison thinks someone should specialize on the ear & eye out here. There isn't a Dr. in Korea who is successfully treating ears because it is better studied by the general practitioner. I must take this up. Write me what you think of it. I had to operate on Mrs. Owen's [breast] after labor. She's now well.

With prayerful remembrance I am,

Yours fraternally,
J. W. Nolan

1906

February 28, 1906
Kwangju, Korea

Dear Doctor,

Feb. closes with over 600 cases treated at the dispensary and 12 major operations. I am writing up an incident of the work which will appear in Apr. number of "Missionary."

Winter seems to have closed and fine spring weather is good for itinerating. Miss Straffer leaves for home soon & a single lady is sorely needed here. Please urge the committee to send Miss Rankin out. Have had a bad attack of trigeminal neuralgia which kept me in bed two days.

J. W. Nolan

March 11, 1906
Kwangju, Korea

Dr. A.J.A. Alexander
Spring Station, Ky.

Dear Doctor,

Here comes your letter of Jan 26th and am glad to get it. Glad you are going to the Convention and hope you will be used to enlist interest and volunteers for Korea. We need help, we need teaching. I am now teaching hygiene and singing to a class of women and could our Christian people see the transformation which the Gospel has brought in their lives and faces, lifting them out of the very ashes of serfdom into independence of that and hope for the future. We would [not] like for reinforcements. I have decided to do more writing than I'd been doing. We have our duties along this line as well as the home church and we should keep the facts before the people until the people change the facts. Teaching is the main thing out here. If the medical force were multiplied by 1000 the need would not be met & we can't hope to get all others from home. Hence we must create a medical profession here. I have two men in training & one of them operated for fistula after 3 months with me. I intended to take over others until I have a large class. Just think of the poor people who have to suffer the ills of the flesh, and worse still, the native Dr. One man came to me with a sprained ankle, after he had held it in boiling water upon the advice of a native Dr. Another woman brot [sic] an infant with mastoiditis with human dung bound to its head. Don't you think it is a grand shot, the idea of routing ignorance & triumphantly over it.

Mrs. Bell gave birth to a bouncing boy on 7th inst. She had Eclampsia and looks caused a tear thru the perineal body. [It took] 12 stitches, 5 in the vagina. The operation looked like a picture. Doing fine, no temp.

I am turning nothing down nowadays. I am operating on everything that will let me. I have come to the conclusion that it's bad workmen who find fault with their tools. I have made a few instruments out of wire & stuff & they do nicely. Telegraph wire make s fine [retractors] & good Sim's speculum I don't propose to allow adverse circumstances to interfere with my work.

The work isn't interfered with by Jap domination. There is so much antipathy between the two peoples that we are made a bureau of sympathy, thereby increasing our opportunities. The natives should be glad of the new regime. It isn't so much the persecution that they dread but the disinclination to leave the old rut worn deep by centuries of monotonous sameness. The corruption of Korean officials is without parallel in history.

About the Berlin trip I had planned to go steerage by boat or whichever way was cheapest. These poor chaps keep me skinned so close that I don't have enough left to buy square sit down in 3 ¢ lunch. I haven't any idea how much it would cost, but not much. I wish I could go in June or July, when work here is slack.

Our winter has been [short], unusual for the South province.

With kindest wishes for you all,

I am as ever

J. W. Nolan

March 28, 1906
Kwangju Korea

Dear Dr. Alexander,

I am mad enough to clash with my grandmother. Recently I've been investigating social conditions & my findings have not only upset me but made me belligerent, frustrated of asking for recruits. I have a mind to ask for gathering guns.

Yesterday I removed [tubercular] glands from triangles of neck & axilla of a girl of 14 who was engaged to a man of 34. Her parents were dead & her grandmother practically sold her to this man for a few yang. She was unhappy & the awful mental anguish that was gnawing of her vitals reduced her exquisitely wretched. I sent her to Miss Straeffer & she told the whole story. She couldn't run away as that would expose her to other moral bounds which infest this country & she said her only relief was suicide. I can't criticize this act in this country. Were I one of these poor women I, too, would prefer the most inglorious death to being bullied, beaten & guarded by un[illegible] husbands. Again, a man has suspected his wife was unfaithful and grabbed her while she was preparing his food after she had performed a hard day's task in the field while he was doing nothing, and bit the end of her nose off with his teeth. If I could have seen him I would have murdered him. If a wife is suspected of unfaithfulness the end of her nose is either bitten or cut with a knife that the world may know of the husband's suspicions, I certainly couldn't preach to such men until after I had [socially] thrashed & hence. The Dr. [sus] the terror of life in this country. After labor a woman suffered a slight prolapse of the uterus, a native Dr. applied [juicing] nitric acid to the vagina & the contractions of cicatricial tissue under the canal were very small & the wall unyielding. She came to me & said if I couldn't cure her she was going to suicide, since her husband subjected her to such absolute and excruciating pain. But I suppose you saw a lot of such in your medical experiences out here.

Poor people, They should not complain of the Japs. A wider cause to vasomotor disturbance weak who had had all of his land seized by a yangban. The rich man borrows his deeds upon patience of the "kugyung" and wounds [illegible_2] but bribe some officials to keep them & as other had no documents to prove ownership this man used the land as he pleased. I made the Governor find its deeds & give them to the man personally. Justice exists only in name here. No man is secure in life, liberty or property. This is the reason for so much squalor, etc. Clinic fine & very busy. Write as often as you can.

Sincerely,

J. W. Nolan

April 15, 1906
K.Ju

My dear Doctor,

The little 14 yr old girl, whose grandmother was forcing her to marry a man of 34 yrs. of age, has become a Christian & is an entirely different girl. She looks pleased, just like she had found something. She has found Christ. This case got me so wrought up I wanted to fight like a happy terminator.

As ever,

Nolan

April 18, 1906
K. Ju.

Dear Dr. Alexander,

Please get your ledger and place an unlimited quantity of [news] to my credit. I find I need a red nice belt, since summer is almost here & as suspenders are so hot. Please get once & if there is money left also get one or two #15 Manhattan $1.50 ¢ shirts and send me. I think that account must be to my credit in German Insurance. You can phone them. Get pinkish striped shirts. My patients keep my wardrobe rather used up.

I am having a daisy time. So many of the patients are buying Bibles and song books. One man said "when I came to get some medicine for my baby I hated the foreigners & the Doctrine. But as it was cured I want to believe." I am training 2 helpers & one is already doing minor operations.

Hurridly,

J. W. Nolan

Also, if enough money, get a pr. of hose supporters.

June 28, 1906
Kwangju

Dear Dr. Alexander,

Your favor of May 12 to hand. I was not conscious that my account in the German Insurance Bank was overdrawn. Just as soon as I receive the bill for shirts, I will enclose the amount by cheque. It is very wrong of me to ask you to do shopping for me but it was kind of you to overlook it and do it. Possibly your short experience out here will assist you to understand just what peculiar plights we sometimes get in.

Annual meeting occurred at this station with Mr. and Mrs. Tate, Mrs. Junkin, W.H.F., Miss Straeffer as absentees. Nothing of unusual importance was transacted. The reports will be ready presently & I'll send you one as soon as ready.

I think sin up against is here. The Japs have roughly handled the country folk up here and they are retaliating by "passive resistance" - taking their children away from all schools and in short stopping any effect of whatsoever set to brought that present condition. This predisposes their provincial mind to look with skepticism upon any foreigner. They are very industriously circulating a rumor that chloroform is dangerous, that altho the patient recovers from the operation he can't live longer than 5 years. Factually I haven't had a single accident yet & am trusting the facts to belie the rumor. I didn't expect a feather bed job when I came out and if I can demonstrate to the public mind the falsity of this I feel that I've made a stretch in the progress of the work. Korean doctors are such profound liars that the people think all doctors are so. But in this, as well as in other departments of the work, things must be lived down. It puts a little more sand in our gizzard to [contest] with harassing difficulties. Am very busy & so much for this time.

Yours as ever,

J. W. Nolan

June 30, 1906
Kwang Ju

Dear Doctor,

Miss Straeffer is now in Louisville at the house of her father, Mr. Geo. Straeffer Sr. Bonnycastle Ave & if you have time while in Louisville & can call she will be able to tell you more abt. the work than I can write.

As ever,

J. W. Nolan

July 7, 1906
Kwangju

Dear Doctor,

Things have me somewhat on the run now. A few cases of Cholera and typhoid among the Japs have kept me thinking. In my last report I told you of the vagrant rumors that were circulating about anesthesia. I went out & collected a number of cases of hare lip, operated upon them and they are refuting these excoriating lies which have from put on the market. But here comes something else. They are telling that I am getting rich and charging and collecting fabulous prices for my services. I think this happened this way. I have a box with a hole in the top which holds the cash as I collect it day by day. One Saturday P.M.'s I take this out, string it and carry it to the house. Some fellow has seen this & assumed it was a day business & threw it to the four winds. These people are so provincial & foolish that they are quite repugnant to any effect looking toward their betterment but if some Jap knocks one down with a cane he kneels before him as if he were a sovereign.

I more & more sympathize with Japs in their efforts to establish new regime here. The Koreans are so lazy, lifeless & senseless that self government would be a huge farce. The whole world & political fabric of this country is rotten and centuries of rural putrefaction have sentenced them to dependence upon another power for rule. Day before yesterday, I put in 18 hours of professional work. Had little time for language study.

I received a letter from your mother today. It was such a friendly & close letter that it made me feel very good.

Here is how Mr. Price attempted to rip me up the back. Did I care to reply I could make him look like the equation $\$1\text{-}70c = 30c$. If you can send for the copy of the Standard Country my article See enclosed article. It is hot. I make from 2 to 5 trips a day to the city (1 mile each way) on foot & its fine exercise.

The other night I was called up & in my haste, I put on rubber boots without socks. Before I got to the patient my feet were minus lots of skin & I decided to wear Korean shoes back. I found them worse than the boots & when I got back to the house there wasn't a slice of skin left big enough for a mosquito to bite. I am doing fine with leprosy. I think I have cured a few cases with [K.J.] and Chaulmoogra oil. A boy was hooked by a bull in the abdomen & he came to the clinic with a disemboweled chicken bound to the wound. I repaired an elbow dislocation of 3 years standing but it took me an hour to do it.

Bull has just left here for Kunsan. He had his photograph with him & it was jolly fine to have a little "ray time" & imagine yourself back in civilization. Things are dry-so dry they screech here. Sometimes I wish for an earthquake to vary the monotony. One of my catechism boys, in answer to a question, said the Korean emperor made the earth. The answer with such emphasis & so decisively that had I not have good proof to the contrary I would have hesitated to dispute him. With hearty greetings to Mrs. Alexander and your mother. I'm yours.

J. W. Nolan

July 17, 1906
Kwang Ju

Dr. A.J.A. Alexander

Spring Station, Ky. U.S.A.

Dear Doctor,

Things are moving along as usual with a more auspicious promise than when I last wrote you. These viperine rumors that have been circulated are becoming more and more attenuated & are rapidly losing their virulence as an increase in the clinic demonstrates. I have met every cowardly accusation squarely and with facts behind me have demonstrated the futility of any attempt to injure my work. I propose to counteract this oppositive into a good upon which my clinic can feed & thrive.

Yesterday I had 2 officials from the Governors & the richest man in this province as patients. The rich man had tooth ache & had his face screwed up into a most unsightly contortion but this application of a little cocaine soon shifted the atoms of his composition & transformed him into an agreeable & appreciative patient.

I have a most interesting case. The inner lid, of the eyes, is [entirely] inverted & suffused from traolioma. It has slightly [been] influenced by local applications and I propose to excise an elliptical portion of the [coryruction] & shorten it. I operated on a fistula yesterday that for [extent] of pathological [poisons/poems] of [its/the] trouble was a wonder. It was both internal & external blind. Faeces had entered the internal blind & decomposed, making a vast area of gangrenous tissue. I used 5 gallons of trichloride in cleaning {sic} things up & operated. He is so pleased he wants to prostrate himself when he sees me. One of my old gunshot wound cases is now a believer & regular attendant of church. He had his right biceps muscle shot in two.

I still have my heart set on a post grad. Peep of Berlin or London. I think the measure of professional skill will [illegible] It is phase of the work in proportion as the Dr. is skillful or defective. I feel that I must take this no matter which situations or sacrifices it costs.

I want to be conscious that [I'm] giving my patients the best that modern science has to offer and believe the blessings upon my efforts will be more & greater. Things are being turned down in clinics in this country for which I've seen other's means by which [truths] can be given.

I don't feel satisfied unless I know that other resources have been exhausted in dealing with my cases. It is presumptuous to ask God's blessing upon a wish unless it is the best possible. I feel that my duty is to take this trip. I am now building my dispensary. Enclosed see plan.

Mr. Price of Kobe, [died] in Tokyo just after returning from his furlough. Miss [Staiffer] is now in Louisiana. Nothing exciting here.

Sincerely,

J. W. Nolan

July 30, 1906
Kwangju

Dear Doctor,

I have had two such fine experiences I must tell you about them. A little 1 year old girl fell into a mosquito fire at night and burned all the skin off the right side. It was brought to me the following day upon the recommendation of a man in that village upon whose gall bladder I had successfully operated. Large [patches] of [serum] hung from the side & when all the skin had been conserved the [serum], ashes, and earth had mingled & made hard masses. I was 1 ½ hrs cleaning it up. Things went o.k. till the 4th day when it showed symptoms of some motor disturbance, respiration & heart stopped & I was speedily called. I began artificial respiration, [hope] of whisky, [last water bags] & [floor], & sat up all night with it. It is now alright & will live. When I go to see it, it lies toward me & stretches out its little chubby hands & smiles sweetly. The smiles & confidence of this baby is sufficient rewards for coming out, "Inasmuch as you do it into one of these." When I dress it, altho. it pains it, it looks into my face with that confidence which is both pleasing & pathetic. Another child was burned upon the abdomen & I'm having it same experience with it. I hope these families especially the first will believe. They are very poor. I've fed them so that the baby could be close & think they are already [united]. When I was working with that apparently dead child I felt that the Lord & I were working together. He was the consultant & advised "don't give up" & thru His grace it lives.

Weather is hot, 98 and 100 in the shade. No rain for 2 wks. Natives fear failure of rice crop, other crops look well. Charly Logan of Japan will be here to visit Mr. Bell this summer. We are expecting them tomorrow. Dr. Owen & Preston are holding examinations in the country now. I feel tired, somehow, but it seems that leisure doesn't rest me when I take it.

Go [rest] [pa⌐]

J. Nolan

Sheets etc. haven't come yet

October 10, 1906
Kwangju, Korea

Dr. A.J.A. Alexander

Spring Station, Ky. USA

Dear Doctor,

Have been back from the Council in Seoul 1 wk today & since returning have done 4 major and several minor operations, full clinics, averaging about 45. Did some preaching of a night-baring village Sunday.

The Council and attending affairs were grand. At our Bible conference, we had Dr. Howard A. Johnston of NY. Later Bishop Candler come, bringing us spirit jagged mortals, a message of cheer. Before I went up I felt very much down in month, because I had [staid] of my past a solid year without a day off & things were getting very monotonous. I was seeing a blessing and revived it. I find I have more love for the natives, more zeal for the work and feel spiritually refreshed. If a man of Dr. Johnston's type would visit us every year, it would be money well invested. I sent a table showing the progress of the work in Korea spread by the 4 Presbyterian bodies here, to the Observer & likely you'll see it. From all points we hear encouraging reports. The Spirit is fostering its grasp upon the hearts of these people & making them turn to the Light. You probably know Yun Che Ho, who for many years was a minister in His Majesty's cabinet. He is now doing school work in Song Do and preaching, doing nothing else. Again, when the Frisco affair occurred His Majesty send Yen5000 to succor Koreans there. Avison sent it. After meeting all the needs there is a remainder of about Yen2500. He has given this money to build churches for the Koreans in Hawaii. These poor people are broken hearted and we are called to build up the broken hearted. They are despised, abused, kicked from [peilean? be?] past by the Japs but I believe the God of Hosts will eventually raise them up and use their weakness & helplessness to confound the powers of the Earth. Probably [as] [] [fellows/hollows] walked along [wound] mighty slowly this way and I have about decided that it is very slowly. I have cured a few cases of leprosy, and now they are flocking into my clinic every day. I feel it is my duty to try to do something for these [my patients] but I am beginning to be alarmed about myself. What would you do?

I enclose a picture of a corner of my clinic, also a table that I [referred] to.

Got a fine letter from Forsythe. He seems to be moving He is such a consecrated man that he couldn't do otherwise. Am so busy I expect my letters are rather incoherent.

As ever I

J. W. Nolan

November 23, 1906
Kwangju

Dear Doctor Alexander,

Have been under the weather for a few days & before I came in out of the rain I'll apprise you of my continued existence. Recently Bull & I took a hunt & itinerating trip, of 3 days duration, together. The results of our prowess accumulated to 1 fine deer and a lot of ducks geese, pigeons, pheasants, etc. I skinned a big cock pheasants to send to Miss Alexander to either have stuffed or used in trimming a hat. While out I preached a few times & was surprised that my tongue was so loose. Speaking Korean is getting to be like eating raw oysters & dead [easy].

It was my first trip to Bull's territory. Lots of fine Xtians [live] there. For the most part their church buildings are good & comfortable, & apparently a fine spirit pervades the believers. A large number came to be treated and with much difficulty I finally made them understand even a Dr. got tired & needed rest & couldn't always carry his dispensary with him. I told one man the only instrument I had with me was my gun & if he was willing to list its merits I'd try to cure him. After a few minutes of serious that he decided an ailing body was better than an autopsy for added that a Dr. was our culpable if he didn't always carry medicine with him. Because I didn't have an amputating knife I lost my last thigh amputation. The frequent cuts produced too much shock to withstand. I wrote to Chester I had to have a few things & to dig up the "simoleans." I have been much handicapped for lack of equipment, but kept an silently thinking it would come but to be disappeared.

The year I've been here I've seen 7500 cases in the clinic and about 500 outside. Several of my old cases are regular attendants of church. I will be in my new places by Dec. after which I hope to do lots more & better work. This same old dirt, pus, filth & lice day after day, repeated with a regularity that becomes dismal. I took zillion of old wax out of a man's ear & removed a fly from a child's eye that had been in a week. Tope [uraeus] are as big as polar bear & more vicious. The insides of these people is a regular menagerie where every imaginable varmints inhabit. I wouldn't be surprised to see centipedes, boa constrictors and porcupines follow a dose of calomel.

As ever,

Fraternally,

J. W. Nolan

1907

January 12, 1907
Kwangju, Korea

Dear Dr. Alexander,

Your recent letter received while at Mokpo on an emergency trip to see an old man with 7 days retention of urine whom I relieved & is now a believer.

I am glad Forsythe has been used to awaken so much interest and that his activity has resulted in volunteers. I hear Cameron Johnson also doing good work with his lectures & pictures. Contributions to mission has not been in proportion [the] material [increase] in wealth in our country. Prosperity is very dangerous & constitutes a [cause] for some alarm relative to our countries future.

The house for lepers is a good idea but unless they are could be many such in this country one would be a great menace to the community in which it should be situated since it would draw lepers from all sides. There should first be some effort at segregation. Poor wretches, something should be done to relieve their isolation of its horrors & I believe the treatment I have, if possibly carried out, will result in great benefit & a large % of cures. I hope you'll and WHF will succeed in getting hold of the sinews for the enterprise. Please write the managers of the Louisiana Leper Colony & ask for their results and the methods.

The work moves on at a rapid rate & interest is increased on all sides. The better elements are beginning to enter. In other words, the intelligence of the country is being stirred by Xtianity. I am having a fine article sent the Observer by a Mr. McKenzie, war correspondent, upon missions in China. Look out for it. It's fine. My oldest medical helper is now operating alone on a few of the simple operations.

The Men are holding a series of classes and revivals of strategic points in the fields for the instruction of believers. There is so much teaching to be done that pioneer work is out of the question with our present force.

Bulls' have another baby. Suppose you've heard of McCutchen's engagement. Mr. Moor of Seoul is dead. An industrial Dept., with an expert director, has been added to the YMCA in Seoul.

Have just written the Committee of Nashville to grant me about a year's leave of absence beginning March 25 and no later than April 1st of 1907. It is necessary to my private interest and the work that this be and I also ask you to give me your consent also, by return mail. This is quite necessary if I continue on the field in the present capacity & the fact that I need this leave of absence constitutes the reason for granting it. Will you please write me your consent by return mail, without fail that I may hear from you on or before March

25. Action must be taken at once. I'll expect to hear from you on or before March 25, 1907. Please do not delay in this matter as it is very important to me.

With best wishes and renewed assurance of fraternity. I remain

Yours

J. W. Nolan

The Korea Mission Field v.2, no.8 (June 1906)

How a Doctor Won His Way.

BY DR. J. W. NOLAN

The first day the dispensary doors were thrown open at Kwangju nine patients greeted me. Being a place where so innocent a remedial agent as Epsom salts was hitherto unknown, this propitious beginning gave me much genuine pleasure and stimulated my hopes for the future. During the succeeding fortnight the attendance was fluctuating, and it was not difficult to see that, while there were prospects for a clinic, yet this department of work was regarded with a skeptical eye and many barriers of doubt had to be broken down ere I found my way into their confidence. Happily, many of the intitial[sic] cases that presented were those for which specific measures existed, but my period of medical pioneering was not to be without its complement of those soul-wrenching experiences which plague the effort of the medical man in Korea. Medicines were returned after using but one dose or one application, with the assertion that they were utterly useless or that their use had been advised against by a mutang (witch) or an native doctor. On other occasions the medicines I had dispensed were mixed with vile excrement, which pharmaceutical performance was supposed to increase their efficacy. The patients attributed many of the first cures to the latter ingredients, while my medicines were frequently credited with failure, if the result didn't exceed even the most sanguine expectations of the patient. These few cases are designed to serve as an index to the amusing and trying incidents which have been repeated with dismal regularity throughout the six months the plant has been operating.

One of the signs of progress I can record in this work is the establishment of confidence, which is the first desideratum in a medical work anywhere. During the six months the dispensary has been open 2416 cases have been seen in the afternoon clinics, 26 major and many minor operations performed, 152 visits made to Korean and 24 to Japanese homes, while my helper has treated many cases of which I have no record. A service precedes every clinic, in which the one great purpose of the work is emphasized, and the interested inquiries often elicited justify the belief that seed is being sown which will bear fruit to the glory of the Master.

Tracts, the margins of which are marked to correspond with the numbers in the case book, are given to each patient. One womau[sic] living in Naju wished her prescription refilled, but was afraid to risk the tract with a servant, and so tore away the margin bearing the number, saying that this tract had brought her so much comfort that she wished to preserve it. The first patient seen in the clinic bought a Gospel and attended the winter Bible class. These constantly occurring cases furnish additional evidence that this is an evangelistic agency of no mean importance.

구지연

한국외국어대학교 영어교육과를 졸업하고 한국교원대학교 대학원에서 문학석사 학위를 받았으며, 연세대학교 대학원 영어영문학과에서 문학박사 과정을 수료하였다. 현재 반포고등학교에서 영어과 교사로 일하고 있다.

허경진

연세대학교 국문과를 졸업하고 「허균 시 연구」로 문학박사학위를 받았다. 목원대학교 국어교육과와 연세대학교 국문과 교수로 재직하였고, 지금은 연세대학교 연합신학대학원 객원교수로 있다.
저서로는 『허균평전』, 『한국 고전문학에 나타난 기독교의 편린들』, 『허난설헌 강의』 등이 있으며, 역서로는 '한국의 한시' 총서 40여 권 외에 『삼국유사』, 『서유견문』 등이 있다.

내한선교사편지번역총서 13

알렉산더에게 보낸 놀런 선교사의 편지(1904-1907)

2023년 12월 20일 초판 1쇄 펴냄

지은이 조셉 W. 놀런
옮긴이 구지연·허경진
펴낸이 김흥국
펴낸곳 도서출판 보고사

책임편집 이순민
표지디자인 김규범

등록 1990년 12월 13일 제6-0429호
주소 경기도 파주시 회동길 337-15 보고사
전화 031-955-9797(대표)
    02-922-5120~1(편집), 02-922-2246(영업)
팩스 02-922-6990
메일 kanapub3@naver.com / bogosabooks@naver.com
http://www.bogosabooks.co.kr

ISBN 979-11-6587-625-8
    979-11-6587-265-6 94910 (세트)
ⓒ 구지연·허경진, 2023

정가 13,000원

〈이 번역서는 2020년 대한민국 교육부와 한국연구재단의 지원을 받아 수행된 연구임
(NRF-2020S1A5C2A02092965)〉